Rolf Erhart

D1723049

Ein Leben ohne Alkohol

Autobiographie eines Alkoholikers

Für meine liebe Frau Jeanette
und die Menschen, die mich auf den Weg
gebracht haben

Verlag Andrea Schröder, Bernau
www.verlag-andreaschroeder.de
Fotos: Rolf Erhart, Jens Koch
ISBN: 978-3-944990-15-6

© 2015 Verlag Andrea Schröder

Inhaltsverzeichnis

Vorwort

Dieses Buch schildert mein Leben. Es ist meine eigene Geschichte – die Geschichte eines Alkoholikers.

Viele Jahre war ich dem Alkohol treu. Ich nahm ihn als Verbündeten, um gemütlich in trauter Runde die Zeit zu genießen und alsbald auch, um meine Probleme herunter zu spülen. Eine Lösung war er nie, doch schaffte er scheinbare Linderung.

Es dauerte lange, bis ich verstand, dass ich die Verantwortung für mein Leben selbst trage.

Eines Tages traf ich Menschen, die mich an die Hand nahmen und mir die Augen öffneten, und ich begegnete Gott.

Im Rückblick danke ich ihm und allen Mitwirkenden für mein neues Leben.

Wie das Leben so spielt

Im südlichsten Teil Deutschlands liegt der Schwarzwald, der zum Bundesland Baden-Württemberg gehört, ebenso wie der Hotzenwald, der nur einen Steinwurf von der Schweizer Grenze entfernt liegt. Inmitten der hochrheinischen Tiefebene befindet sich die Staatsgrenze zwischen der Schweiz und Deutschland, eingebettet in eine wunderschöne und romantische Landschaft mit einzigartigen Kleinstädten und Gemeinden sowie riesigen Wäldern mit stattlichen Bergen. Eine üppige Vegetation mit einem sehr milden Klima und einer herrlichen Idylle der Natur.

Auch der Dialekt der Region ist einzigartig, denn es wird alemannisch gesprochen und durch die Nähe zur Schweiz auch schweizerdeutsch. Man muss schon gut zuhören, um diese Sprachen zu verstehen.

Hier wurde ich im Mai 1946 in der Stadt Säckingen geboren - zu einer Zeit, die mit viel Entbehrungen und Not verbunden war. Es gab sehr viele Menschen, die von der Hungersnot betroffen waren. Es herrschte die Nachkriegszeit.

Ackerland, Wiesen und Wälder gab es reichlich. Was aber fehlte, waren die Männer, die die Felder bestellten, denn die meisten von ihnen waren gefallen oder in

Gefangenschaft. So blieben die Ernten auf den Feldern aus und die Bevölkerung hatte zu wenig zu Essen. Auch mein Vater kam ums Leben. Er war französischer Offizier und wurde aufgrund seines Verhältnisses zu meiner Mutter - einer Deutschen - strafversetzt. Er fiel bei einem der letzten Kriegsgefechte. So wuchs ich als Halbwaise auf.

Ich war noch zu klein, um mich bewusst an meinen Vater zu erinnern. Dennoch sehnte ich mich nach ihm. Oft zeigte mir meine Mutter Fotos, auf denen er mich in seinen Armen hielt. Was in meinem Gedächtnis haften blieb, war die schmucke Militäruniform, die er getragen hatte.

Als ich drei Jahre alt war, im November 1949, heiratete meine Mutter einen Mann, der als Textilweber in einem großen Werk arbeitete. Seit jenem Tag hatte ich einen Stiefvater und erhielt seinen Familiennamen.

Meine Mutter bemerkte erst später, dass dieser Mann Alkoholiker war. Zu diesem Zeitpunkt war es für sie nicht mehr möglich, die Ehe annullieren zu lassen.

Mein Stiefvater trank meist am Wochenende und wenn er nach Hause kam, gab es regelmäßig lautstarken Streit um die Haushaltskasse. Denn das Geld, das er in der Gaststätte vertrank, fehlte uns zum Leben.

Sehr oft wurde er grob gegen meine Mutter und auch gegen mich, denn ich war ja nur sein Stiefsohn. Er selbst hatte keine Kinder. An ein harmonisches Familienleben war in diesen Stunden nicht mehr zu denken. Aus Angst vor Schlägen verkroch ich mich meist in die hinterste Ecke unserer Zweizimmerwohnung. So liefen die Tage und Monate in die Jahre hinein. Doch geändert hatte sich nichts. Tagein, tagaus immer wieder das gleiche Drama.

1952 wurde ich eingeschult. Für mich begann ein neuer Lebensabschnitt. Diese Zeit werde ich nicht vergessen. Denn mit ihr begann für mich der Ernst des Lebens, auch wenn ich zum damaligen Zeitpunkt davon nichts ahnte.

Ich entwickelte mich zu einem sehr fröhlichen Lausbuben und erinnere mich noch gut an die kleinen, aber harmlosen Streiche, die ich mit meinen Schulkameraden erlebte.

Ich hatte keine Schwierigkeiten, dem Unterricht zu folgen und bekam gute Noten. Im Rechnen war ich besonders gut, und auch Gedichte lernte ich problemlos auswendig. Oft wurde ich jedoch von meinen Schulkameraden gehänselt, weil mein leiblicher Vater aus Frankreich stammte. Doch ich wusste, mich zu wehren.

Unser Lehrer war streng, aber gerecht. Er war ein Mensch, zu dem ich im Laufe der Zeit Vertrauen gewann.

Wenn ich wieder einmal mit einem verweinten Gesicht in die Schule kam, nahm er mich beiseite. Er streichelte mir über das Haar und erkundigte sich, was los sei. Nach und nach erzählte ich ihm von meinen Sorgen und Ängsten, die ich ausstand, wenn mein Stiefvater betrunken nach Hause kam.

Eine Elternversammlung nutzte der Lehrer, um mit meinen Eltern zu reden. Von diesem Tage an besserten sich unsere häuslichen Verhältnisse. Es schien, als würde mein Stiefvater einsehen, dass es so nicht weitergehen konnte.

Die Schule machte mir sehr viel Spaß - bis zu einem verhängnisvollen Tag, an dem ich einen schweren Unfall erlitt und einige Wochen im Krankenhaus verbringen musste. Von jenem Tage an war es für mich mit der schönen Schulzeit vorbei.

Auf dem Schulgelände stolperte ich, als ich eine Treppe hinuntersprang. Ich stürzte auf die steinernen Stufen und zog mir dabei eine stark blutende Wunde am Kopf zu.

Noch Monate und Jahre nach meiner Entlassung aus dem Krankenhaus litt ich unter quälenden Kopfschmerzen. Ich bekam Sprachprobleme und begann zu stottern. Etliche Nachbehandlungen bei verschiedenen Ärzten musste ich über mich ergehen lassen.

Meine Leistungen in der Schule ließen nach, da ich oft

fehlte. So kam es, dass ich nicht versetzt wurde und das Schuljahr wiederholen musste.

Erst Jahre später konnte ich mit großer Anstrengung und einem starken Willen die Schule mit einem guten Ergebnis zu Ende bringen. Mein Stiefvater fing zu dieser Zeit wieder stärker an zu trinken. Das schmerzte mich. Ich sah meiner Mutter an, dass sie ebenfalls sehr darunter litt. Im Laufe der Zeit wurde sie zu einem regelrechten Nervenbündel. Sie weinte sehr oft und glitt immer mehr in die Depression, bis sie sich in ärztliche Behandlung begab.

Da meine Mutter sehr religiös aufwuchs und mich gleichfalls so erzog, besuchten wir oft gemeinsam den Gottesdienst in unserer Gemeinde, um zu beten. Wir baten den lieben Gott um Beistand und um Kraft und Gnade.

Meine Mutter vertraute mir eines Tages an, dass sie sich von ihrem Mann trennen und die Scheidung einreichen würde.

Jahre der Schmach

Am gleichen Abend gab es erneut einen Riesenstreit zwischen meinem Stiefvater und meiner Mutter. Sie sagte ihm klipp und klar auf den Kopf zu, dass sie das ganze Theater mit seiner Sauferei nicht mehr länger ertragen könne und den Mut und die Kraft verloren hätte, so weiterzuleben.

Noch in derselben Woche suchte sie einen Anwalt auf. Nach einigen Tagen wurde meinem Stiefvater der Scheidungsantrag zugestellt. Als er ihn gelesen hatte, verfiel er in Panik. Er schrie meine Mutter an, was ihr einfallen würde, ihn einfach so zu verlassen und er meinte, er wäre doch kein Alkoholiker.

Erst spät in der Nacht kehrte Ruhe ein. In den darauffolgenden Tagen wurde mein Vater sehr schweigsam und nachdenklich. Auf sein Flehen und Betteln hin zog meine Mutter die Scheidungsklage zurück. Sie wollten es noch einmal miteinander versuchen.

Dieser Neustart war für uns verbunden mit der Hoffnung, dass mein Vater den verdammten Alkohol stehen lassen und sich seine Trunksucht eingestehen würde.

In den Monaten danach haben sich mein Stiefvater und ich gut verstanden. Das war sehr angenehm für mich, denn er ließ mich nicht mehr so arg spüren, dass ich nicht sein leiblicher Sohn war. Ich fing an, ihn richtig zu mögen. Öfter unternahmen wir etwas gemeinsam. Ich fühlte erstmals seinen Respekt und seine Anerkennung. Auch ich begann, ihn zu respektieren und zu lieben, so wie man einen Vater liebt.

Zu Weihnachten schenkte er mir ein Fahrrad, das er beim Händler gebraucht erworben hatte. Das Rad konnte sich sehen lassen, es war in sehr gutem Zustand. Am Wochenende fuhren wir los und ließen den Drachen steigen, den er eigens für mich gebaut hatte. Ich war auch sehr glücklich, wenn er mir bei den Schulaufgaben half.

Doch was ich von ihm als Annehmlichkeiten empfing und dankbar annahm, bekam ich nicht ohne Gegenleistung. Er forderte von mir, ihm zu helfen. So arbeitete ich oft im Garten, der unweit unseres Wohnhauses lag, oder sammelte im Wald Holz für den Winter.

Und doch trübte sich die Stimmung allmählich wieder, denn mein Stiefvater begann erneut zu trinken. Es waren nur kleine Mengen. Aber davon ablassen konnte er nicht. Ab und zu erlaubte er mir, ein kleines Glas Bier mitzutrinken. Und eines Tages waren die guten Vorsätze, die er meiner Mutter hoch und heilig versprochen hatte, gänzlich dahin.

Mein Vater konnte einfach nicht ohne Alkohol leben

und seine Sucht holte ihn wieder ein. Auch die geregelte Arbeit, der er nunmehr seit Jahrzehnten in der Textilfabrik nachging, schien ihm keinen Halt zu geben. Die Alkoholexzesse an den Wochenenden begannen abermals. Die Abstände seiner Kontrollverluste wurden immer kürzer, so dass meine Mutter nach kurzer Zeit wieder sehr krank wurde.

Wenn ich mit meinem Stiefvater alleine unterwegs war, flehte ich ihn an, er möge mit dem Trinken aufhören. Aber er lachte mich nur aus.

Meine Mutter konnte das nicht mehr ertragen und sie ging ein zweites Mal zum Anwalt, um die Scheidung einzureichen. Ich erinnere mich noch, dass mein Vater eines Morgens vor dem Frühstück eine Flasche Wein öffnete. Als er sie geleert hatte, verließ er mit laut knallender Tür die Wohnung.

Erst spät am Abend kehrte er betrunken nach Hause zurück, und wieder gab es einen heftigen Streit zwischen ihm und meiner Mutter. An jenem Abend änderte sich viel. Denn was in einem Familienstreit begann, endete in einer Tragödie.

Als mein Vater am nächsten Morgen seinen Rausch ausgeschlafen hatte, zog er seinen besten Anzug an und verließ die Wohnung. Er kam nie mehr nach Hause zurück.

Am darauffolgenden Tag kam die Polizei zu uns und

brachte meiner Mutter die schreckliche Nachricht, mein Vater sei tot. Er hatte sich das Leben genommen. In einem Waldstück hatte er sich erhängt.

Meine Mutter war einem Nervenzusammenbruch nahe und musste von einem Arzt behandelt werden.

Auch für mich brach eine Welt zusammen. Der Tod meines Stiefvaters war für mich ein tiefer Schock. Und das Jahr, in dem er sich das Leben nahm, wurde für meine Mutter und mich augenblicklich zu einem Jahr der Schmach.

Denn was uns noch viel schlimmer traf, waren die Reaktionen der Bewohner unseres Ortes. Auf meine Mutter und mich gingen sie los. Sie beschimpften uns und gaben uns die Schuld am Tod meines Stiefvaters. Mit den Fingern zeigten sie auf uns. Und so wurden unsere Wege in der Gemeinde zum Spießrutenlauf.

Mein Vater stammte aus der hiesigen Gemeinde und war als ein rechtschaffener Bürger bekannt. Seine Alkoholprobleme hatten niemanden interessiert. In den Sechziger Jahren waren Gespräche über Alkoholismus ein Tabu, auch wenn sie nötig gewesen wären, um einem Menschen damit zu helfen.

Da wir in einer Betriebswohnung der Textilfirma lebten, in der mein Stiefvater gearbeitete hatte, mussten wir ausziehen.

Für mich begann eine sehr schwere Zeit. Von nun an

trug ich die Verantwortung für meine Mutter. Ich fühlte mich, als hätte ich viel zu wenig Erfahrung vom Leben, um diese Situation zu meistern und kam nur schwer zurecht.

Glücklicherweise verbesserte sich der Gesundheitszustand meiner Mutter im Laufe der Zeit, so dass sie den Alltag wieder besser bestreiten konnte.

Ich wurde von meiner Mutter sehr streng erzogen und oft gab es auch mal eine Backpfeife, wenn ich ihr gegenüber frech wurde oder nicht tat, was sie mir aufgetragen hatte. Aber sie gab mir auch meine Freiheiten. Ihre einzige Sorge bestand wohl darin, einen anständigen Menschen aus mir zu machen.

Manchmal kommt es mir heute so vor, als wäre mir mein eigenes Schicksal zu der damaligen Zeit schon in den Schoss gelegt worden. Lange durchkreuzten sich meine Gedanken mit der Erinnerung an meinen verstorbenen Vater. Und ich nahm mir vor, dass ich es einmal besser machen würde in meinem Leben. Niemals hätte ich erahnt, dass mich nach Jahren dasselbe Schicksal der Alkoholkrankheit ereilen würde.

Nach der Schule begann ich eine Bäckerlehre. Relativ schnell bekam ich an beiden Händen Hautausschlag vom Mehlstaub – die Bäckerkrankheit. Deshalb musste ich die Lehre abbrechen.

Obwohl zu der damaligen Zeit in der ganzen Region

Aufbaustimmung herrschte, war das Angebot an Ausbildungsplätzen gering. Zu gerne wollte ich einen Beruf erlernen. Und so entschied ich mich letztendlich für die Textillehre. Es war derselbe Beruf, den mein verstorbener Stiefvater ausgeübt hatte.

Ich lernte, mit großen Textilmaschinen umzugehen. Vom Lehrplan umfasst waren auch das Weben und die Veredelung sowie das Färben von Textilstoffen. Die Arbeit im Labor und das Hantieren mit Chemikalien machten mir sehr viel Spaß. Und mein Lehrmeister war auch zufrieden mit mir. Sein Lob stärkte mein Selbstvertrauen. Das tat mir gut.

Als ich meine Berufsausbildung nach drei Jahren beendete, musste ich zur Bundeswehr. So begann ein weiterer, neuer Lebensabschnitt für mich - der beste, den ich je erleben durfte. Ich lernte, was Kameradschaft heißt und mit Menschen zu kommunizieren - egal ob auf dem Kasernenhof oder draußen im freien Feld.

Jeder in der Kompanie bekam seine Aufträge und Befehle und er führte sie mit Disziplin und Achtung vor seinen Vorgesetzten aus.

Nach der Grundausbildung sollte ich einer Versorgungseinheit zugeteilt werden, was ganz in meinem Sinne war. So konnte ich meine Fähigkeiten unter Beweis stellen.

Wenn wir Freigang hatten, ging ich mit einigen meiner Kameraden in das Gasthaus der nächsten Ortschaft. Im Nebenraum der Gaststätte befanden sich eine Musikbox, ein Billardtisch und ein Fernseher. Dort verbrachten wir unsere Freizeit.

Mit dem Gerstensaft, der aus den Bierhähnen floss, verschönten wir uns die Abende. Auch Wacholderschnaps schütteten wir in unsere Kehlen. An so manchen Tagen ist der eine oder andere Kamerad mit einem Schwips zurück in die Kaserne geschlichen, damit der Wachposten am Tor davon nichts mitbekam.

Mein Alkoholkonsum hielt sich im Rahmen. Ich glaubte ganz sicher nicht, dass ich in späteren Jahren selbst zum Alkoholiker werden würde. Zu den morgendlichen Appellen standen wir alle wieder in Reih und Glied auf dem Kasernenhof, ohne dass die Offiziere etwas bemerkt hatten.

Der Dienst an der Waffe entsprach nicht gerade meiner Überzeugung und ich war auch kein Militarist. Ich war eher einer, der den Dienst beim Bund sehr ernst nahm und überzeugt davon war, dass er sein muss.

Eines wurde mir damals klar. Die Bundeswehr ist nicht nur für Kriegsgeschehnisse da, sondern trägt prioritär zum Erhalt des Friedens bei.

Ich fing an, Bücher zu lesen. Ich kannte Karl May und den einen oder anderen Roman. Doch jetzt interessierte mich Fachliteratur. Ich wollte meinen Horizont erweitern. Ich las alles, was ich in die Hände bekam. Meist waren es Bücher über neue technische Entwicklungen. Dadurch konnte ich mir viel Wissen aneignen und es nutzen. Mein Ansehen wuchs.

Gerne wäre ich als Berufssoldat geblieben. Doch leider wurde bei einer ärztlichen Untersuchung festgestellt, dass ich einen Wirbelsäulenschaden und Gelenkprobleme hatte. Somit war der Traum ausgeträumt! Nach dem Grundwehrdienst wurde ich ausgemustert. Ich war darüber sehr traurig.

Wenn ich bei der Bundeswehr hätte bleiben können, wäre mein Leben sicher anders verlaufen. Vielleicht hätte ich sogar eine Offizierslaufbahn einschlagen können.

Oft dachte ich darüber nach. Aber es hatte nicht sollen sein!

Eine unsichere Zukunft

Schweren Herzens verließ ich die Bundeswehr und fuhr nach Hause zu meiner Mutter, die sich sehr auf mich freute.

Noch am Kasernentor blickte ich wehmütig zurück mit einer kleinen Träne im Auge und der Hoffnung, dass alles besser werden würde.

In meinem Heimatort angekommen suchte ich meinen ehemaligen Arbeitgeber auf, bei dem ich die Lehrzeit verbracht hatte. Dort begann ich wieder als Textilfacharbeiter. Aber so richtig glücklich war ich nicht. Mir fehlte die Kameradschaft, die ich zuvor in der Bundeswehr erfahren hatte. Zwar gab es auch dort Tage, die nicht so schön waren, aber dennoch fehlte mir etwas.

In der Zwischenzeit war ich zu einem jungen Mann herangewachsen, der mit beiden Beinen auf dem Boden stand.

Zu Hause besaßen wir noch keinen Fernseher und so kam es, dass ich mich nach Arbeitsschluss oft langweilte. An manchen Abenden ging ich daher in eine nahegelegene Gaststätte, die längst mit einem Fernsehgerät ausgestattet war. Ich wollte die neuesten Nachrichten aus aller Welt erfahren. Und das Gasthaus bot mir diese Möglichkeit. Zum Fernsehen gehörte es, Bier zu trinken. Gelegentlich kam ich daher mit einem kleinen Schwips nach Hause. Natürlich gefiel das meiner Mutter ganz und gar nicht. Sie schimpfte oft mit mir und forderte mich auf, das Trinken zu unterlassen. Ich sollte doch zurückdenken und mich an die Zeit mit meinem Stiefvater entsinnen. Und damit hatte sie Recht. Sie meinte es gut mit mir, aber ihre Worte fanden kein Gehör.

An manchen Abenden strich sie mir über mein Haar, sie nahm mich in den Arm und sagte: „Du bist doch der Einzige, den ich noch habe. Denke doch auch mal an mich!" Das waren ihre Worte.

In meiner Firma lernte ich einen Kollegen kennen, der seit Jahren hier arbeitete. Wenn wir Feierabend hatten, lud er mich öfter zu einer Fahrt mit seinem Auto ein. Wie sollte es anders sein? Wir suchten Gaststätten auf, um Spaß zu haben und Mädels kennenzulernen.

An einem kalten Wintertag, der Asphalt war überfroren und spiegelglatt, kamen wir auf einer Landstraße ins Schleudern. Wir rutschten von der Fahrbahn und das Auto drehte sich einige Male um die eigene Achse. Gott sei Dank war uns nichts passiert. Ein Schutzengel hatte uns begleitet.

Dieser Vorfall schweißte uns fest zusammen. Daher traf es mich schwer, als mein Kollege mir von dem massiven Stress in seinem Elternhaus erzählte. Er wolle es verlassen, teilte er mir mit. Richtig weit weg solle es gehen. Und mit seinem Beruf käme nur Berlin in Frage. Er hatte bereits die Kontaktdaten des örtlichen Arbeitsamtes ausfindig gemacht, um sich nach einem Job zu erkundigen.

Berlin brauchte Arbeitskräfte. Überall in der Region hingen große Werbeplakate. Es wurden junge Menschen für die Stadt gesucht - in allen Branchen und für alle Berufe.

Mein Arbeitskollege bewarb sich und erhielt recht schnell eine Anstellung. Einige Wochen später verließ er unsere Stadt und zog nach Berlin.

Ich fühlte mich allein gelassen. An manchen Tagen dachte ich darüber nach, es ihm gleich zu tun. Einfach weg!

Aber so einfach ging das für mich nicht. Denn meine Mutter lebte hier und wäre allein geblieben. Das wollte ich nicht!

Ich begann, mein Geld zu sparen. Was ich verdiente, versuchte ich, beisammen zu halten - bis ich mir eines Tages ein kleines Motorrad zulegte. Nun begannen auch für mich die wilden Jahre. Es war die Zeit des Rock n' Rolls. Legenden wie Elvis Presley oder Bill Haley waren unsere großen Vorbilder und Idole.

In unserem Dorf wurde ein Motorradsport-Club gegründet, dem ich mich anschloss. Bekleidet mit Jeans und schwarzer Lederjacke - nur so war man in. Das war modern.

Wir waren Halbstarke. Zwischen uns gab es ab und zu Rangeleien. Aber Gewalttätigkeiten und kriminelle Energien, die von uns ausgegangen wären, gab es nicht.

Durch den Motorradsport-Club lernte ich junge Menschen kennen. Ich verbrachte viel Zeit mit ihnen, meist in unserem Stammlokal.

Natürlich hatte das Folgen. Sehr oft tranken wir Alkohol - so viel, dass mir an manchen Tagen kotzübel wurde. Wenn man zum Club gehören wollte, musste man trinkfest sein. Meine Clubkameraden waren der Meinung: „Halb Besoffen ist herausgeworfenes Geld."

Es blieb nicht aus, dass meine Mutter sehr wütend auf mich war, hatte sie doch gehofft, dass ich anders werden würde als mein Stiefvater.

An den Wochenenden fuhren wir meist in einer ganzen Horde übers Land. Wir waren der Annahme, dass dies die große Freiheit sei, denn wir waren jung und hatten das Leben noch vor uns.

Vielleicht war es auch ein Ausbruch aus dem Alltag. Besonders für mich war es eine gewisse Befreiung. Denn in meiner Kindheit und Jugendzeit hatte ich bittere Jahre erlebt. Der Club gab mir die Möglichkeit, sie zu vergessen.

Wir waren circa zwanzig Mitglieder und einige von uns kannten sich gut mit Motoren und Technik aus. So konnte ich von ihnen profitieren und meine technischen Kenntnisse erweitern.

Ich interessierte mich für die Motoren und das Design der neuen Modelle. Es war die Neuzeit am Motorradhimmel.

Über das Jahr organisierten wir kleine Feste. Wir luden andere Motorradvereine zum Informationsaustausch ein und zu kleinen Wettstreiten.

An einem Pfingstmontag veranstalteten wir eine Fuchsjagd. Der Fahrer eines vorausfahrenden Motorrads trug hierbei am Ärmel seiner Jacke einen Fuchsschwanz. Die anderen Clubkameraden folgten ihm in einem Abstand von 10 Minuten. Wem es gelang, den „Fuchs" einzuholen, gewann einen kleinen Preis.

An diesem Montag bekam ich den Fuchsschwanz an meine Jacke geheftet. Ich fuhr mit meinem Motorrad auf der Landstraße. In einer scharfen Rechtskurve brachte mich Rollsplitt ins Schleudern. Ich verlor die Kontrolle und kollidierte mit einem entgegenkommenden Auto.

Mit Verletzungen und Schmerzen blieb ich auf der Fahrbahn liegen. Ich wurde ins Krankenhaus eingeliefert.

Ich hatte mir eine schwere Hüft- und Kniegelenksfraktur zugezogen. Ich verbrachte mehrere Wochen mit einem Streckverband im Krankenhaus. Auch meinen 21. Geburtstag verlebte ich so. Meine Clubkameraden besuchten mich und brachten mir Blumen und kleine Geschenke mit, über die ich mich sehr freute. Sechs lange Wochen harrte ich aus, ehe ich das Krankenhaus auf zwei Gehhilfen verließ.

Mein Motorrad war nur noch Schrott. Es musste entsorgt werden. Zudem hatte ich eine geringe Geldbuße wegen zu schnellen Fahrens zu tragen.

Das alles war für mich eine schmerzhafte Erfahrung, die mir den Spaß an der Freude verdarb. Ich tat es als jugendlichen Leichtsinn ab und zog mich aus dem Motorrad-Club zurück.

Der Ausbruch

Bald darauf konnte ich meine Arbeit wieder aufnehmen. Darüber freuten sich meine Arbeitskollegen, mein Chef und ich mich sehr. Mit neuem Mut und neuer Energie konzentrierte ich mich auf meinen Job. Auch im privaten Umfeld war alles in Ordnung. Der Gesundheitszustand meiner Mutter blieb stabil.

Um ihre Witwenrente aufzubessern, nahm sie eine Stelle als Hauswirtschafterin in einer wohlhabenden Familie in Bad Säckingen an. Das war auch nötig, um sich bei ihrer sehr bescheiden ausfallenden Rentenzahlung einen angenehmen Lebensstandard leisten zu können.

Eines Tages kündigte sich mein ehemaliger Arbeitskollege aus Berlin zu einem Heimaturlaub in Öflingen an.

Er schwärmte mir vor, welch schöne Stadt Berlin sei und dass man dort deutlich mehr Geld verdienen könne als im Schwarzwald. Das machte mich neugierig. Er bat mich zu überlegen, ob ich nicht auch nach Berlin kommen wolle. Es gäbe eine Unmenge freier Arbeitsstellen auf dem Markt - auch für mich. Als er nach vierzehn Tagen wieder abreiste, legte er mir nochmals nahe, ernsthaft über einen Ortswechsel nachzudenken.

Die Neugier war zu groß. Nach einigen Tagen nahm

ich all meinen Mut zusammen und erkundigte mich beim Arbeitsamt unserer Stadt nach meinen Chancen in Berlin. Mit einer Fülle an Informationen und Broschüren kehrte ich heim.

Abends zeigte ich die Unterlagen meiner Mutter. Sie war hin- und hergerissen. „Was soll ich denn hier alleine machen?", fragte sie mich vorwurfsvoll. Doch im gleichen Atemzug meinte sie, dass es gut wäre, wenn ich vielleicht doch einmal auf eigenen Füßen stehen würde. Ich müsse ausprobieren, was mir Berlin bringen würde und wenn es mir nicht gefiele, könne ich jederzeit nach Hause zurückkehren.

Ich nahm sie fest in meine Arme und drückte sie. „Es wird alles gut", sagte ich leise zu ihr.

Wochen vergingen und ich verschob meinen Plan. Doch ich spürte, dass er mir keine Ruhe ließ. Eines Abends ertappte ich mich dabei, dass ich wieder von meinem „Ausbruch" sprach.

Am darauffolgenden Tag erreichte mich ein Telegramm. Mein ehemaliger Arbeitskollege schrieb mir, dass er sich umgehört und eine geeignete Stelle für mich gefunden hatte. Ich könne bei ihm wohnen, bis ich eine eigene Wohnung fände.

Diese Nachricht beflügelte mich. Jetzt musste ich handeln und bewarb mich beim Berliner Arbeitsamt für die freie Stelle. Zuvor aber sprach ich meinen Arbeitgeber an. Er machte mir einen sehr kulanten Vorschlag. „Ich halte die Stelle frei, falls es dir in Berlin nicht gefällt", sagte er mir zu. Ich ging dankbar auf seinen Vorschlag ein.

Auch auf dem Berliner Arbeitsamt ging alles zügig voran. Innerhalb weniger Tage bekam ich die Zusage und die notwendigen Unterlagen zugesandt. Die Würfel waren gefallen. Nun gab es kein Kneifen mehr, es war soweit. Ich musste alles hinter mir lassen, was ich einst sehr lieb gewonnen hatte. Nämlich meine Heimat! Ich packte alles, was ich brauchte und tragen konnte, in zwei große Koffer. Bei dem Gedanken, meine Heimat zu verlassen, war mir schwer ums Herz.

An einem kalten Wintertag im Jahre 1968 brachte mich meine Mutter zum Bahnhof. Als der Zug einfuhr, fiel ich ihr in die Arme. Uns kamen die Tränen. Ich versprach ihr, gut auf mich aufzupassen und keine Dummheiten in Berlin zu veranstalten.

Ich bestieg den Zug und fuhr vom Hochrhein nach Frankfurt am Main. Von dort aus flog ich nach Berlin. Am Flughafen Tempelhof erwartete mich mein Kollege. Ich war von der Stadt überwältigt. Die erste große Hürde, die mich empfing, war jedoch die hochdeutsche Sprache, die ich nicht beherrschte.

Oft wurde ich wegen meines alemannischen Dialekts geneckt. Als mein Kollege mich in seiner Berliner

Stammkneipe vorstellte, ärgerte ich mich sehr darüber. Wie sollte es auch anders sein! Es ging mit viel Bier und Schnaps feuchtfröhlich daher. Ich war mit meiner Sprachbesonderheit ein leichtes Opfer.

Mein Kollege wohnte in einer Zweieinhalbzimmerwohnung in der vierten Etage. Das kleine Zimmer wurde meine neue Behausung, die ich als Untermieter bezog und mir gemütlich einrichtete.

Die Wohnung lag im Bezirk Tiergarten, im Kiez Moabit. Endlose Parkanlagen, große Firmen und riesige Gebäudekomplexe gehörten zu diesem Stadtteil. Für mich war es ein Eldorado, das das Flair einer Großstadt widerspiegelte. Ich war fasziniert davon.

In den ersten Tagen fühlte ich mich sehr einsam. Alles war noch neu für mich. Doch kurz darauf trat ich die ersehnte Stelle bei der großen Firma an, auf die ich mich zuvor beworben hatte. Da ich seit Jahren einen Führerschein besaß, wurde ich als Auslieferungsfahrer eingestellt. Meine Aufgabe bestand darin, mit einem kleinen Lastkraftwagen Pakete an die Kundschaft auszuliefern oder von ihnen entgegenzunehmen.

Mit einem Stadtplan gewappnet wurde ich auf die Großstadt losgelassen. Natürlich habe ich mich anfangs oft verfahren. Manchmal wusste ich nicht, in welcher Straße ich mich gerade befand. Doch das war nicht weiter schlimm, denn spätestens die Mauer wies mir den Weg zurück. Man konnte Westberlin nicht verlassen. Zum damaligen Zeitpunkt war die Stadt von der sogenannten Sektorengrenze umgeben. Große Firmen hatten sich in Westberlin etabliert, was der Wirtschaft zugutekam. Schon zur damaligen Zeit wurde die Stadt insgeheim als Hauptstadt Deutschlands gehandelt.

Von Süd nach Nord, von West nach Ost fuhr ich durch Berlin. So lernte ich im Laufe der Zeit die gesamte Großstadt kennen, was mir viel Spaß bereitete. Und bald darauf hatte ich fast alle Straßennamen im Gedächtnis. Ich orientierte mich an großen Wahrzeichen, Gebäuden und Straßenzügen. Mein Stadtplan tat das Übrige.

Nach einigen Monaten fühlte ich mich sehr wohl in meiner Umgebung, und ich kam auch mit dem Berliner Menschenschlag gut zurecht.

Nur die Feierabende und langen Wochenenden waren oft sehr trostlos und eintönig. So zog es mich in dieser Zeit, die mich sehr belastete, in die Kneipe unseres Wohnblocks.

Dann kam das große Heimweh. Ich vermisste meine Heimat doch so sehr! Öfter flossen Tränen vor Traurigkeit und ich betrank mich sinnlos, um meinen Schmerz zu vergessen. Ich schrieb oder telefonierte mit meiner Mutter. Mein Geld war schneller weg, als ich es verdiente. Die Wochen zogen sich zäh in die Länge und mein Portemonnaie war leer.

Sicher hatte ich die Alternative, nach Hause zurückzukehren. Aber mein verdammter Stolz befahl mir, in Berlin zu bleiben. In meinen schlimmsten Gedanken malte ich mir aus, von den Einheimischen als „Weichei" bezeichnet zu werden. Das wollte ich nicht.

Glücklicherweise freundete ich mich mit ein paar jungen Leuten in unserem Kiez an. Gemeinsam durchkämmten wir Berlin und besuchten Bars und Lokale. Damals bildete ich mir ein, keine Alkoholprobleme zu haben. Ich konnte ja auch tagelang ohne Alkohol auskommen. Ich fühlte mich in der Lage, zu jeder beliebigen Zeit mit dem Trinken aufhören zu können. Ich ging fest davon aus, alles unter Kontrolle zu haben. Doch das war längst nicht mehr so. Ich ertappte mich an den Wochenenden regelmäßig in irgendeiner Kneipe.

Eines Tages schrieb ich meiner Mutter einen langen Brief. Ich bettelte sie um Geld an. „Willst du deinen Sohn noch retten, schick ihm Geld und Zigaretten!", waren meine Worte.

Ich schämte mich für diesen Brief. Meine Mutter hatte selbst nicht genug zum Leben. Aber ich war wieder einmal in der Situation, dass mein Geld weit vor Monatsende aufgebraucht war.

Oft lag ich abends im Bett und überlegte, wie es weitergehen sollte. Sollte ich Berlin verlassen? Sollte ich nach Hause zurückkehren? Das Heimweh holte mich immer wieder ein. Doch mein Stolz war größer als meine Vernunft. Er hielt mich in Berlin fest. Ich kämpfte gegen den Gedanken, in meiner alten Heimat Unterschlupf zu suchen. Und nach einigen Monaten schien ich, meinen Schmerz überwunden zu haben. Ich schöpfte neue Hoffnung und nahm mir fest vor, in Berlin zu bleiben. Wenn ich damals ehrlich zu mir gewesen wäre, hätte ich zugeben müssen, dass ich für eine Großstadt wie Berlin noch nicht bereit war. Vielleicht war ich noch zu jung, zu unreif. In dieser Zeit habe ich gelernt, was es heißt, in der Fremde auf eigenen Füßen stehen zu müssen. Inzwischen hatte ich eine eigene Wohnung bezogen. An manchen Tagen wurde mir angst und bange. Ich war einfach überfordert. Ich fühlte mich überlastet von den vielen Dingen, die auf mich zukamen.

Aufgrund meiner Geldknappheit und der guten Voraussetzungen auf dem Arbeitsmarkt wagte ich es, den Job zu wechseln. Meine Anstellung in der Transportfirma gab ich auf. Ich suchte nach einer Stelle mit neuen Herausforderungen und einem höheren Gehalt.

So bewarb ich mich bei den Berliner Verkehrsbetrieben. Die BVG litt zu dieser Zeit unter großem Personalmangel. Nach einer Eignungsprüfung bekam ich einen Arbeitsvertrag. Doch vorerst musste ich für ein paar Wochen die Schulbank drücken und einen Lehrgang absolvieren. Dann wurde ich als Zugabfertiger für den Bahnsteigdienst bei der Berliner U-Bahn eingestellt.

Nach einem guten Jahr schloss ich eine weitere Schulung ab und wurde anschließend als U-Bahn-Zugführer übernommen.

Diese Stelle war mit einer größeren Verantwortung verbunden und gleichzeitig mit einem höheren Gehalt.

Langsam gelang es mir, eine neue Existenz aufzubauen. Die Dienstzeiten waren sehr gut geregelt. Es war für mich kein Problem, an Sonn- und Feiertagen zu arbeiten. Die Sonderzuschläge, die hierfür gezahlt wurden, machten sich nicht zuletzt in meinem Portemonnaie deutlich bemerkbar. Öfter hatte ich unter der Woche einen oder zwei Tage frei.

Auch mein Alkoholverhalten konnte ich aufgrund der neuen Herausforderungen, der Arbeitszeiten und der Verantwortung, die mein Job mit sich brachte, sehr gut einschränken. Aus Angst, ich könnte den neuen Job wieder verlieren, befreite ich mich von meiner Sucht.

Meine erste große Liebe

Einige Monate waren vergangen und der Job als U-Bahn-Zugführer machte mir richtig Spaß. Mein Selbstwertgefühl und mein Selbstvertrauen waren gewachsen und wurden immer größer! Ich trat sicherer auf und diese Veränderung wurde auch von meinem Umfeld positiv wahrgenommen.

Als ich eines Morgens auf dem Weg zur Arbeit war, begegnete ich einer Kollegin. Sie war mir bereits mehrmals durch ihr angenehmes Äußeres und ihr nettes Auftreten aufgefallen. Sie war ein sehr hübsches Mädchen mit langen braunen Haaren.

Auch an diesem Morgen lächelte sie mich an. Mein neues Selbstbewusstsein erlaubte es mir, sie einfach anzusprechen. Aus den unverfänglichen Anfangsfloskeln entwickelte sich ein langes Gespräch. Und seinen krönenden Abschluss fand es in unserer Verabredung für einen der Folgetage. Ich glaube heute noch, dass es Liebe auf den ersten Blick war.

Ich freute mich sehr darauf und war gleichzeitig so aufgeregt, dass ich mich im Vorfeld des Termins nur schwer auf meine Arbeit konzentrieren konnte. Ich konnte es kaum erwarten, diese Frau wiederzusehen.

Es war an einem freien Arbeitstag. Ich zog meinen

besten Anzug an, denn ich wollte einen guten Eindruck bei ihr hinterlassen. Wir trafen uns in einem Café und sprachen über unsere Jugend. Die Zeit verflog viel zu schnell. Am liebsten hätte ich die Zeiger der Uhr angehalten. Ich trank nur Limonade, um nichts falsch zu machen. Ich wollte auf keinen Fall unangenehm auffallen. Als der Abend anbrach und es allmählich dunkel wurde, begleitete ich meine Freundin nach Hause.

Einige Tage vergingen, bis wir uns wieder trafen. Und ein paar Wochen später lud sie mich zu ihren Eltern ein.

Höflich und schüchtern stellte ich mich bei ihnen vor. Bei Kaffee und Kuchen erzählte ich ihnen einen Teil meiner Lebensgeschichte. Besonders der Vater meiner Freundin war mir sehr zugetan. Ich hatte den Eindruck, dass er ein Mensch war, der sich im Leben gut auskannte.

Hingegen wurde ich von ihrer Mutter von oben bis unten taxiert. Die Frage, ob ich denn auch der Richtige für ihre Tochter wäre, stand ihr förmlich auf die Stirn geschrieben. Gott sei Dank hatten sich nach Wochen und Monaten auch ihre Zweifel in Wohlgefallen aufgelöst. Ich wurde als Freund und als neues Familienmitglied akzeptiert. Meine Freundin und ich waren ineinander so verliebt und glücklich, dass wir die ganze Welt hätten umarmen können.

Ich erinnere mich noch heute genau an den ersten Kuss und an die Zärtlichkeiten, die wir gemeinsam austauschten. Es war so romantisch, dass wir gemeinsam beschlossen, uns nie mehr zu trennen. Bis heute - 40 Jahre später - ist unsere Zuneigung und Liebe geblieben.

Nach einem Jahr gingen wir mit einer großen Hochzeitsfeier den Bund der Ehe ein. Meine Mutter reiste extra mit der Bahn aus dem Schwarzwald an. Sie wollte sich das Ereignis nicht entgehen lassen.

Sie war von Berlin so begeistert, dass sie gar nicht mehr in den Schwarzwald zurückkehren wollte. Doch nach einer Woche musste sie schweren Herzens die Heimreise antreten.

Meine Frau und ich richteten unsere Wohnung gemütlich ein. Einige Möbel brachte sie mit in unsere Wohnung. Da wir genug Geld besaßen, kauften wir uns wenig später ein Auto, einen gebrauchten VW Käfer.

Obwohl meine Frau in Berlin geboren war, kannte sie sich in der Stadt nur wenig aus. Ihre Eltern waren immer sehr besorgt um sie aus Angst, ihr könne etwas passieren. An gemeinsamen freien Tagen fuhren wir mit unserem Auto, das wir auf den Namen „Dudu" getauft hatten, durch ganz Westberlin.

Unsere Ausflüge führten uns kreuz und quer durch die Stadt, um die hiesigen Sehenswürdigkeiten zu bewundern und zu besichtigen. An manchen Tagen vergnügten wir uns mit langen Spaziergängen durch den Berliner Forst und an die Seen der Stadt. Meine Frau war sehr beeindruckt. So konnte ich ihr im Laufe der Zeit ganz Westberlin näherbringen.

Meine Schwiegereltern besaßen ein eigenes Haus mit einem großen Garten. Oft wurden wir zum Grillen eingeladen. Wie ich nach einiger Zeit bemerkte, war mein Schwiegervater kein Kostverächter, wenn es um alkoholische Getränke ging. So fiel es nicht sonderlich auf, dass ich ebenfalls sehr gerne trank. An manchen Tagen, die wir mit Feierlichkeiten begingen, trank ich mehr Alkohol, als mir eigentlich lieb war – zum Leidwesen meiner Frau. Es wurde schnell deutlich, dass ihr mein Trinken missfiel. Ihr zuliebe war ich immer wieder bemüht, mich beim Alkohol zurückzuhalten.

Tage- und auch wochenlang konnte ich ohne Alkohol auskommen. Aber plötzlich überkam es mich, dann brauchte ich den Stoff. Ein schrecklicher Gedanke, dass ich zu dieser Zeit sicher schon ein Quartalstrinker war. Nie hätte ich es geglaubt, geschweige denn zugegeben. Ich hatte doch nur Durst! Doch der Genuss von Alkohol verwirrte meine Sinne und das Verlangen wurde zu stark!

Einige Monate später beschlossen wir, uns einen Urlaub zu gönnen. Wohin sollte es gehen? Natürlich in meine Heimat, den Schwarzwald.

Mit unserem Käfer ging es über die Autobahn immer Richtung Süden. Es waren nahezu 1.000 Kilometer von Berlin nach Südbaden. Der Anblick der Berge und Täler, die aus der Ferne näher rückten, löste bei mir ein Glücksgefühl aus. Und in dem Moment, als ich die Turmspitze unserer Kirche sah, wusste ich, dass ich wieder zu Hause in meiner geliebten Heimat war. Unsere Ankunft war eine Überraschung für meine Mutter. Sie freute sich so sehr, als wir plötzlich vor ihrer Tür standen. Wir fielen uns weinend in die Arme.

Meine Mutter wohnte zu dieser Zeit in einer kleinen, sehr bescheidenen Wohnung. Da dort kein Platz für uns war, mieteten meine Frau und ich uns in einem nahegelegenen Hotel ein.

Meine Frau war sehr begeistert von der schönen Landschaft und von den Leuten, die sie kennenlernte und die sie herzlich aufnahmen. Das milde Klima und die gute Luft der Region bekamen ihr sehr gut. Sie war entzückt von der Idylle und Romantik der Natur. Auch die angenehme und wohltuende Ruhe, die die Landschaft ausstrahlte, genoss sie. Ich zeigte ihr die Gegend vom Schwarzwald bis in die nahe gelegene Schweiz. Von Basel bis hin zum Rheinfall in Schaffhausen – wir ließen es uns einfach nur gut gehen. Wir vergaßen den Alltagsstress der Großstadt und erholten uns. Es war für uns ein unvergesslicher Urlaub.

Öfter ließen wir das Auto stehen. Wir nutzten den Reisebus oder auch die Eisenbahn für einige Tagesausflüge. Meine Mutter begleitete uns. Ihre Freude darüber war deutlich zu spüren.

Gelegentlich nahm mich meine Mutter beiseite, ohne dass meine Frau es bemerkte. Sie flehte mich an, wir sollten doch beide zu ihr in den Schwarzwald kommen. Wir würden auch hier eine Wohnung und Arbeit finden, versicherte sie mir.

Aber ihre Worte drangen nicht an mein Ohr, was ich bis heute bereue. Viel zu stolz waren meine Gefühle. Denn für mich sollte der Besuch im Schwarzwald nur ein Urlaub sein.

Abends in der Gaststätte bei einem Glas Wein sprach ich dennoch mit meiner Frau über das Anliegen meiner Mutter. Aber für sie stand fest, dass sie in Berlin bleiben wollte.

Nach drei Wochen hieß es, Abschied zu nehmen, und so traten wir die Heimreise an. Wir nahmen die schönen Erinnerungen mit nach Berlin.

Wir gingen wieder unserer Arbeit nach und machten das Beste aus unserem Leben. Die BVG legte unsere Schichten zusammen. Das ermöglichte uns mehr gemeinsame freie Zeit.

Oft dachten wir an unseren Urlaub zurück. Besonders wenn wir die schönen Urlaubsfotos in der Hand hielten, holten uns die Erinnerungen wehmütig ein.

Doch zur damaligen Zeit sahen wir keine Option, die uns den Absprung in den Schwarzwald ermöglichte.

Das sollte erst viel später geschehen.

Es kam, wie es kommen musste

Eines Tages bekam ich von dem behandelnden Arzt meiner Mutter einen sehr unfreundlichen Brief. Er forderte mich auf, mich mehr um meine Mutter zu kümmern, da sie sehr krank sei. Sie litt zunehmend unter Depressionen und wolle zu ihrem Sohn nach Berlin. Sie habe das Alleinsein in ihrer bescheidenen Wohnung satt.

Der Brief stimmte mich sehr traurig. Ich fragte Jeanette, wie ich reagieren und was aus meiner Mutter werden sollte.

Da wir eine große Wohnung und genügend Platz hatten, überlegten wir, meine Mutter bei uns aufzunehmen. Bei meinen Schwiegereltern sorgte diese Idee jedoch für schlechte Stimmung. Sie waren der Meinung, dass Jung und Alt nicht zusammenpassten. Es wäre schon klar vorprogrammiert, dass Konflikte entstehen würden. Zudem wäre meine Mutter das Großstadtleben nicht gewöhnt.

Ich brachte es aber einfach nicht übers Herz, meine Mutter ihrem Schicksal zu überlassen. Und meine Frau unterstützte mich dabei.

Nach einigen Tagen holten wir meine Mutter in einer Blitz-Aktion vom Schwarzwald zu uns nach Berlin. Sie nahm nur ein paar Habseligkeiten und ihre Kleidung mit. Ihre kleine Wohnung konnten wir schnell auflösen. Nach ein paar Wochen schon fühlte sich meine Mutter in Berlin sehr wohl. Auch Ihre Depressionen ließen nach. Meine Frau freute sich über die neue Konstellation. Meine Mutter unterstützte Jeanette bei der Hausarbeit und wir kümmerten uns um sie und taten alles, was wir nur tun konnten.

Bald darauf lernte meine Mutter ältere Menschen aus dem nahegelegenen Altenwohnheim kennen. Sie unterhielten sich oft und unternahmen gemeinsame Spaziergänge. Es tat meiner Mutter sehr gut, wieder unter Menschen zu sein. Ihre Genesung machte Fortschritte. Ihr Gesundheitszustand besserte sich zusehends. Das gab uns die Bestätigung, das Richtige getan zu haben.

Was aber nach einigen Monaten geschah, wissen nur der Himmel und der liebe Gott.

Eines Abends kam meine Mutter nicht mehr nach Hause. Sie blieb spurlos verschwunden. Wir waren voller Sorge. Beim zuständigen Polizeirevier gaben wir eine Vermisstenanzeige auf. Für mich brach eine Welt zusammen und plötzlich sah ich mich wieder mit dem verdammten Alkohol konfrontiert. In der Tageszeitung und im Rundfunk wurden Suchaktionen geschaltet.

Meine Frau und ich wurden von der Kriminalpolizei vorgeladen und stundenlang vernommen. Nach drei Tagen meldete sich eine Zeugin aus der Nachbarschaft. Sie sagte aus, eine Frau zur fraglichen Zeit nahe der Böschung am Uferweg gesehen zu haben.

Am vierten Tag wurde meine Mutter tot aus der Spree geborgen. Wie die Polizei rekonstruierte, war sie einem tragischen Unfall zum Opfer gefallen. Die Beamten vermuteten, dass meine Mutter das Gleichgewicht verloren hatte, in die Spree stürzte und ertrank.

Bei der Beerdigung meiner Mutter war ich einem Nervenzusammenbruch nahe und der verdammte Alkohol floss wieder in Strömen.

Danach wurde es sehr still um mich. Es war alles nicht mehr so, wie es einmal war. Meine tiefe Trauer besiegelte ich mit Alkohol - bis zum Kontrollverlust.

Andenken an meine Mutter

Es dauerte Wochen, bis ich wieder ein halbwegs normales Leben führen konnte. Meiner Frau versprach ich hoch und heilig, dass ich versuchen würde, mit dem Trinken aufzuhören. Außerdem hatte ich panische Angst, meinen Job zu verlieren, der mir so wichtig war. Meine Frau zeigte sehr viel Verständnis für meine Situation. Einige Male meldete sie mich bei der BVG krank, weil ich mich unwohl fühlte und außerstande sah, aus dem Bett aufzustehen. Doch sie sagte mir, dass es ihrer Meinung nach keinen Sinn mache, wenn ich resignierte oder mich gar selbst zerstörte.

Ganz allmählich schaffte ich es, meinem geregelten Alltag wieder nachzugehen, ohne einen Tropfen Alkohol zu mir zu nehmen. Jetzt musste es sich zeigen, wie lange ich durchhielt. Ich trug ja auch die Verantwortung für meine Frau und ich tröstete mich mit dem Gedanken, dass jeder Mensch sein Schicksal zu tragen hat.

Oft besuchten wir das Grab meiner Mutter. Es war ein Zeichen meiner Dankbarkeit, hatte sie doch zu Lebzeiten alles für mich getan, was in ihrer Macht stand. Ich erinnere mich gerne an diese Zeit zurück.

Mir fielen auch die Ziele wieder ein, die ich mir früher

einmal vorgenommen hatte. Da wir finanziell gut abgesichert waren, wollte ich eines davon verwirklichen. Ich meldete mich bei einer Fahrschule an, um den Führerschein für Lastkraftwagen zu machen. In meinen kühnsten Träumen hatte ich mir immer vorgestellt, einmal im Leben einen Vierzig-Tonner zu fahren. Einige Wochen vergingen, bis ich die Fahrschulprüfung mit Bravour bestand.

Eine alte Weisheit besagt, dass ein Glücksfall oder ein Unglück nur selten alleine kommen. An einem Samstagabend saßen meine Frau und ich gemütlich beim Fernsehen. Wir trauten unseren Augen nicht, als bei der Lottoziehung unsere Zahlen genannt wurden. Wir hatten eine stattliche Summe gewonnen. Mit diesem Geld konnten wir endlich wieder einmal einen unbeschwerten Urlaub planen, den wir im Schwarzwald verbringen wollten. Den Rest des Gewinns legten wir an.

Als unser Arbeitgeber den gemeinsamen Jahresurlaub bewilligte, erfasste mich Vorfreude. Denn längst hatte ich ein Kribbeln im Bauch, das mir sagte, ich solle wieder einmal Heimatluft schnuppern.

Wir packten unsere Koffer und ab ging es in Richtung Süden. Es schien, als kannte unser Auto „Dudu" den Weg. Nach nur acht Stunden kamen wir in meiner Heimatstadt Bad Säckingen an.

Wir besuchten meine Verwandtschaft. Meiner Großmutter in Schwörstadt mussten wir berichten, wie es uns in Westberlin erging.

Da die Menschen in Süddeutschland sehr gläubig und den alten Bräuchen verbunden sind, wurde zum Gedenken an meine Mutter eine Messe in der katholischen Kirche abgehalten. Sie sollte in ihrer letzten, ewigen Ruhestätte in Berlin Frieden finden. Ich empfand diese Zeremonie als sehr liebevolle Anteilnahme meiner Verwandtschaft zum Andenken an meine geliebte Mutter.

Von der guten Schwarzwaldluft konnte meine Frau wieder zehren. Nun plötzlich schwärmte sie mir vor, dass sie sich gut vorstellen könnte, für immer im Schwarzwald zu leben.

Ihren abrupten Sinneswandel konnte ich kaum nachvollziehen. Vielleicht lag es an dem schwerwiegenden Vorfall, der sich vor einigen Wochen in Berlin ereignet hatte. Meine Frau wurde auf dem Bahnsteig eines U-Bahnhofs von einem Betrunkenen tätlich angegriffen und verletzt. Dadurch war sie sehr ängstlich geworden. Zudem wurde unsere Wohngegend im Moabiter Kiez unsicher. Vieles hatte sich zum Negativen gewandelt. Immer wieder hörte man von Überfällen.

Der Gedanke, Berlin zu verlassen, ließ mich in meinen Träumen nicht mehr los. Wir erkundigten uns in der Arbeitsagentur nach den Möglichkeiten, die in der

Schwarzwaldregion für uns bestanden.

Es war ein kurioser Gedanke, hatten wir doch in Berlin unsere festen Anstellungen und gute Einkommen. Daher verging fast noch ein Jahr, bis sich unser Entschluss manifestierte. Doch nun hielten wir an dieser Idee fest.

In einem fünftägigen Urlaub mieteten wir eine Dreizimmerwohnung in einem Mehrfamilienhaus in Öflingen an. Über die Arbeitsagentur in Bad Säckingen erhielt ich die Adresse einer Schweizer Spedition, die Berufskraftfahrer aus Deutschland einstellte. Der Grundstein war gelegt, um dem Umzug nunmehr entgegenzusehen.

Es musste alles genau geplant werden: die Kündigung der Berliner Wohnung und unserer Arbeitsverhältnisse bei der BVG. Auch dass unsere Schäferhündin Bessy, die seit vielen Jahren bei uns lebte, den Umzug unbeschadet überstand und sich im neuen Umfeld wohlfühlte, musste abgesichert werden. Die Pflege der Grabstelle meiner Mutter übertrugen wir an Verwandte aus Berlin. Wir versuchten, uns bei den anstehenden Aktionen möglichst wenig Stress zu machen.

Als alle Formalitäten abgeschlossen waren, stand nichts mehr im Weg für unseren Neuanfang. Als der Umzugslastkraftwagen schließlich vor unserer Tür stand, wurde mir wehmütig ums Herz, hatte ich doch dreizehn Jahre meines Lebens hier verbracht. Ich war mir sicher, dass es einige Zeit dauern würde, bis ich mich wieder an das Landleben gewöhnt hatte. Doch es kam anders. Schon nach wenigen Wochen fühlte ich mich, als wäre ich nie weg gewesen.

Es muss wohl wieder jemand an meinem Glücksrad gedreht haben, denn nach einer Woche bestätigte das Schweizer Unternehmen meine Einstellung als Kraftfahrer. Ein kleines Handikap hatte die Sache allerdings. Ich musste einen Arbeitsweg von gut 30 Kilometern in Kauf nehmen. Denn die Spedition hatte ihren Sitz im Kanton Aargau.

Als wir in die neue Wohnung einzogen, übergaben uns die Nachbarn Brot und Salz als Willkommensgruß. Viele freuten sich, dass ich wieder zu Hause war. Ich war ja einer von ihnen und wir wurden wie gute, alte Freunde aufgenommen.

In der Zwischenzeit hatte meine Frau unsere Wohnung sehr geschickt und gemütlich eingerichtet. Jedes einzelne Möbelstück hatte seinen Platz bekommen und wir fühlten uns pudelwohl. An schönen Tagen saßen wir auf der Terrasse und abends im Kerzenschein bei einem Glas Wein, betrachteten den Sternenhimmel und ließen es uns gut gehen.

Wir waren zu Hause angekommen. Ich war mit meiner Frau in die Schwarzwaldregion zurückgekehrt, in den südlichsten Teil von Deutschland. Wir waren umgeben von riesigen Waldflächen und stattlichen Bergen, die im Winter zum Skifahren einluden. Doch auch im Sommer bestätigte sich dieses Gebiet durch seine Attraktivität als Perle der Natur.

Drei große Gebirgstäler treffen hier aufeinander: das Wehratal, das Wiesental und das östliche Murgtal, die allesamt ins Rheintal münden.

Die Hochrheinische Tiefebene umfasst eine Gesamtfläche von etwa 300 Kilometern Länge und einer Breite von bis zu 40 Kilometern. Sie beherbergt den Hotzenwald im Süden, den dahinterliegenden Nord-Schwarzwald und den Dinkelberg im vorderen Teil, der bis in den Landkreis Lörrach reicht. Es besteht kein Zweifel, dass hier Romantik und Ruhe zu Hause sind. Das Flussbett des Rheins erstreckt sich vom Bodensee bis in die Nordsee. Dazwischen durchläuft es das Dreiländereck bei Basel, in dem Deutschland, Frankreich und die Schweiz aufeinander treffen.

Die Idylle der Natur ist einzigartig und in der Herbstzeit ist es möglich, das Alpenglühen in den Schweizer Bergregionen in der Ferne zu bestaunen. Am Fuße der grünen Berge liegt meine geliebte Heimatstadt Bad Säckingen, in der ich geboren und aufgewachsen bin. Der ganzjährige Kurbetrieb in der Region und einige Heilbäder verhelfen den Menschen zu einer guten Ein-

nahmequelle, die ihnen ihr tägliches Brot sichert.
Die Menschen in dieser Region sind ein sehr boden-
ständiges und lustiges Volk. Das ganze Jahr über gibt
es etwas zu Feiern. Dennoch sind die Menschen sehr
gottesfürchtig. Die Katholische Kirche hat hier einen
hohen Stellenwert. Uralte Sitten und Bräuche sowie
alte Traditionen aus dem Mittelalter wurden bis in die
heutige Zeit überliefert und werden mit großer Sorgfalt
von den Menschen gepflegt und behütet.
Ich war sehr froh, dass ich dies alles wieder erleben
durfte. Dies alles ist meine geliebte Heimat.
Unweit von unserem neuen Zuhause lag ein großes
Auslaufgebiet für Hunde. Unsere Schäferhündin Bessy
konnte sich hier austoben und herumtollen, so wie es
ihr gefiel.
Es war alles so, wie ich es mir vorgestellt hatte.
Da auch meine Frau sich verändern wollte, drückte sie
noch einmal die Schulbank. Beim Deutschen Roten
Kreuz in Bad Säckingen durchlief sie für einige Monate
eine Ausbildung zur Schwesternhelferin. Nach dem
Praktikum und der bestandenen Prüfung bekam sie
eine Anstellung in einem Altenpflegeheim. Sie scheute
sich nicht vor weiterführenden Seminaren, in denen sie
ihre Kenntnisse vertiefte. Sie hatte Spaß dabei und die
Ergebnisse waren förderlich für ihre Karriere.

Wenn die Sinne die Seele zerstören

Der Herbst war längst ins Land gezogen und die Tage wurden kürzer, als ich eines Abends genervt nach Hause kam. Ich hatte einen sehr unangenehmen Tag hinter mir. Als ich zur Arbeit kam, lag mein Fahrauftrag wie üblich auf dem Tisch im Aufenthaltsraum. Ich sollte mit dem Lastkraftwagen und einem speziellen Anhänger eine große Baumaschine in einer Schweizer Gemeinde abholen. Der Ort lag ungefähr 50 Kilometer von unserem Depot entfernt. So machte ich meinen LKW startklar und koppelte den Tiefladeanhänger an. Bevor ich abfuhr, vergewisserte ich mich, dass ich nichts vergessen hatte.

Ich musste ein tiefes Tal mit dichtem Waldbestand durchqueren, um eine höher gelegene Bergregion zu erreichen. Es war ein sehr nebliger Tag. Laut dröhnte der Dieselmotor des LKW den Berg hinauf.

Nach zwei Stunden kam ich auf ein riesiges Plateau. Eine schmale Straße führte vom Berg hinab in ein Bauerschließungsgebiet. In den dichten Nebelschwaden konnte ich die verhüllten Silhouetten einzelner Häuser erkennen, die sich noch im Rohbau zu befinden schienen. Wie sich herausstellte, handelte es sich bei der engen Abfahrt um eine Durchgangsstraße, die zu einem Schweizer Militärstützpunkt führte. Ständig kreuzten schwere Militärfahrzeuge meinen Weg. Ich stellte meinen LKW so dicht wie möglich am Straßenrand ab, um niemanden zu behindern. Die Bauarbeiter waren jedoch noch längst nicht mit ihrer Arbeit fertig. Ich musste warten.

Ein älterer Herr kam auf mich zu, dessen Bauernhof unmittelbar an der Straße lag. Er fragte mich freundlich, was ich denn hier oben auf dem Berg verloren hätte. Ich erklärte ihm, dass ich den großen Bagger abholen sollte. Er bot mir eine Tasse Kaffee an, die ich dankbar annahm. Das war nicht unüblich in der Schweiz. Diese Geste gehörte hier zur guten Gastlichkeit, um jemanden willkommen zu heißen. Was aber dann geschah, konnte ich nicht verstehen.

Im Laufe unseres Gesprächs konnte er wohl heraushören, dass ich kein Schweizer war, sondern aus Deutschland stammte. Zwar bemühte ich mich schweizerdeutsch zu reden, aber den alemannischen Dialekt konnte ich nicht verbergen.

Plötzlich brüllte der Mann mich an. Was mir denn einfallen würde, schrie er mir entgegen. Ich würde auf seinem Grund und Boden fahren und seine Wiese zerstören. Ich war tief getroffen und den Tränen nahe.

Ich stand da und war verunsichert. Ich konnte keine Worte finden. Zuerst die Freundlichkeit! Und dann?

Ich zündete mir eine Zigarette an und ging. Wenn ich jetzt eine Flasche Bier hätte greifen können, wäre es um mich geschehen. Es war eine sehr bittere Erfahrung, die mich zutiefst schmerzte. Ich werde sie im Leben nie vergessen. Vielleicht war sein Sinneswandel auf die längst vergangene Kriegszeit zurückzuführen? Besonders in den Schweizer Grenzgebieten waren Deutsche nicht gern gesehen. Aber sollte sich das nicht mit dem Generationswechsel erübrigen? Die jungen Menschen können doch nichts dafür, was früher einmal geschehen ist. Ich war verwirrt und sehr wütend. Der Rest des Tages war für mich gelaufen. Ich konnte mich nur mit großer Mühe konzentrieren. Endlich waren dann die Arbeiten auf der Baustelle abgeschlossen. Ich konnte die große Baumaschine verladen und fuhr sie zu ihrem neuen Bestimmungsort. Über das Funkgerät, das ich an Bord hatte, bekam ich weitere Anweisungen. Sie gehörten ja zu meinem Arbeitspensum.

Erst spät abends kam ich zu Hause an, nachdem ich einen Abstecher in mein Stammlokal gemacht hatte.

Meine Frau sah mir gleich an, dass mich etwas bedrückte, zumal ich wieder einmal einen kleinen Seegang hatte. Da ich der Meinung war, ich müsse meinem Unmut Luft verschaffen, hatte ich wohl einige Biere zu viel intus.

Sie fragte mich, was los sei und warum ich so spät nach Hause käme. Ich erzählte ihr, was ich heute erlebt hatte. Daraufhin nahm sie mich in den Arm und meinte, ich sollte mir nicht alles so zu Herzen nehmen. Ohne Abendbrot ging ich zu Bett und Tränen flossen leise in mein Kopfkissen.

Ich war von jeher ein Mensch, dem das Unrecht, das ihm widerfuhr, buchstäblich auf den Magen schlug und in ihm ein Gefühlsdilemma auslöste. Ich denke, dass so manche Ungerechtigkeit die Sinne und auch die Seele zerstören kann.

Ich brauchte ein paar Tage, bis ich mich von dem Gespräch mit dem alten Mann beruhigt hatte. Vergessen konnte ich die Demütigung aber bis heute nicht. Ich begann, mich reservierter zu verhalten.

Die Narrenzeit

Eines Tages bekamen wir eine Einladung zu einem Event der örtlichen Narrenzunft Öflingen und nahmen sie gerne an. An einem Samstagabend war die Veranstaltung. Wir waren so begeistert, dass wir uns gleich im Anschluss bei der Narrenzunft anmeldeten. Meine Frau freute sich sehr über die Kontakte zu den Einheimischen, die ihr die Mitgliedschaft ermöglichte. So kam es, dass wir im Februar gemeinsam das närrische Treiben mitverfolgten. Doch nicht nur an Fasnacht trafen wir uns, sondern auch zu verschiedenen Events, die sich über das Jahr verteilten. Im Landkreis Donaueschingen befindet sich sogar das Narren-Museum „Der Narrenschopf". Viele alte Masken aus Holz und allerlei traditionelle Kostüme, die Häser, sind hier ausgestellt. Die Fasnacht bezieht sich auf die Fünfte Jahreszeit und hat mit dem Kölner Karneval nicht viel gemein. In unserer ländlichen Gegend gehört es zur Pflicht, der Dorfgemeinschaft beizuwohnen. Es ist ein Teil der Sozialstruktur, der alten Sitten und Gebräuche, die die Gemeinschaft harmonisiert und dafür sorgt, dass sich die Menschen näher kommen. Nur wer sich hier engagiert, wird akzeptiert und anerkannt.

So kommt es, dass fast jeder einer Vereinigung ange-
hört. Dabei ist es egal, ob es sich um die Freiwillige
Feuerwehr oder den Fußballclub handelt.

In den siebziger Jahren wurden in vielen Gemeinden
Mehrzweckhallen errichtet, um die Aktivitäten der Dorfgemeinschaft zu fördern. Sie konnten für Veranstaltungen und Festlichkeiten gemietet werden. Letztendlich trugen diese Feiern auch das Potenzial in sich,
dass Alkohol konsumiert wurde. Gerade ich hatte dies
erfahren und nicht erkannt. Oder aber ich hatte es gar
nicht erkennen wollen. Getrunken wurde bei diesen
Veranstaltungen immer und ich habe oft vergessen
aufzuhören, wenn die Zeit dazu gekommen war.

Während einer Vereinssitzung, in der wir den Narren-
fahrplan für die kommende Saison und die Jahresplanung diskutierten, stellten wir fest, dass in unserer Vereinskasse ein Engpass klaffte. Es fehlten die nötigen
Mittel, um unsere Pläne umsetzen zu können. Stundenlang berieten wir, wie wir unsere Finanzen aufbes-
sern könnten.

Plötzlich hatte ich eine grandiose Idee. Ich schlug vor,
eine Altpapiersammlung in der Gemeinde zu organisieren. Da wir zum örtlichen Bürgermeisteramt die nötigen
Verbindungen hatten, war es kein Problem, eine Ge-
nehmigung zu bekommen.

Die Altpapiersammlung wurde ein voller Erfolg. Einige

Tonnen Altpapier kamen zusammen, die wir an eine Papierfabrik verkauften. Die nicht zu verachtende Geldsumme, die wir hierfür erhielten, reichte aus, um unsere Jahresplanung erfüllen zu können. Wir schafften neue Kostüme und Masken an. Unser Verein gewann zusehends an Mitgliedern.

 Für mich begann eine sehr lustige Zeit. Ich bekam wieder die Anerkennung, die ich vermisst hatte. Oft waren die Wochenenden einfach zu kurz, um alles Anstehende zu bewältigen. Ich wollte im Verein alles richtig machen. Ich wollte dem Ansehen unseres Vereines Genüge tun und zu seinem Erfolg beitragen.

Und als in der neuen Fasnacht-Saison ein Narrentreffen in einer nahegelegenen Stadt angesagt wurde, sah ich es als meine Pflicht an, daran mitzuwirken. Über 30 Narrenzünfte aus der ganzen Region trafen zusammen. Es wurde eine überwältigende Veranstaltung.

Nun hatten sich auch meine Schwiegereltern aus Berlin zu einem Besuch angekündigt. Meine Frau holte sie vom Bahnhof ab. Sie waren von der Schönheit der Natur sofort begeistert. Zusammen bestaunten wir die sehenswerte Landschaft und aus der Ferne das Alpenglühen der Schweizer Berge in der Abendsonne. Als meine Schwiegereltern nach vierzehn Tagen wieder heimfuhren, wünschten sie uns viel Glück und luden uns ein, sie in Berlin zu besuchen.

Das kam für meine Frau und mich gar nicht in Frage. Wir waren hier im Schwarzwald viel zu glücklich. Berlin hatte für uns an Bedeutung verloren. Die Erinnerung an die Großstadt, aus der wir kamen, sagte uns einfach nicht mehr zu. Wir waren froh, dass sie hinter uns lag.

Gemischte Gefühle

Die Firma, in der ich arbeitete, war ein Familienunternehmen mit immerhin 12 LKW. Es war ein Fuhrunternehmen, das in der Schweiz, in Italien und Frankreich agierte.

Ich lernte einen Kollegen näher kennen, der seit Jahrzehnten dort als Kraftfahrer arbeitete. Sein Name war Joseph. Doch er wurde Sepp gerufen.

Er kam ursprünglich aus dem Engadin, einem Hochtal in der Ost-Schweiz an der italienischen Grenze. Er war ein großer, kräftiger Mann, um einige Jahre jünger als ich und sehr hilfsbereit. Oft unterstützte er mich, wenn ich ihn brauchte. Er war für mich da und er war offen meiner Nationalität gegenüber. Es machte ihm nichts aus, dass ich aus Deutschland kam und in der Schweiz als Gastarbeiter tätig war. In dieser Region waren Tausende Deutscher arbeitsbedingt als Grenzgänger unterwegs - so wie ich.

Die Schweiz war schon immer ein neutrales Land. Es mischte sich nie in Kriegsgeschehnisse ein. Das machte die Schweizer Bürger zu einem sehr stolzen Volk.

Oft wurde ich als Deutscher gehänselt. Für meine Schweizer Kollegen war ich ein Ausländer. Viele von ihnen hatten Angst um ihren Arbeitsplatz. Oft verteidigte mich Sepp und so entstand zwischen uns eine echte Freundschaft. Wir besuchten uns häufig, auch unsere Frauen verstanden sich gut.

Sepp war kein Freund von Alkohol, trank höchstens mal ein Glas Wein, was wiederum seinen starken Charakter prägte. Gerne wäre ich so gewesen wie er. Sein Verhalten brachte mich oft zum Nachdenken.

Zum Firmenjubiläum wurden alle Mitarbeiter nebst ihren Frauen zu einem Wochenendausflug eingeladen. Ich war ein wenig traurig, weil Jeanette mich nicht begleiten konnte. Sie hatte Schicht im Altenpflegeheim in Bad Säckingen. So musste ich die Reise ohne sie antreten.

Mit dem Bus ging es in Richtung Interlaken, dann weiter auf der Landstraße in Richtung Adelboden bis nach Frutigen in der Schweiz. Unser Chef hatte uns bereits Tage vor der Abfahrt ermahnt, mit festem Schuhwerk und passender Kleidung zu erscheinen. Er war ein großer Naturfreund und Fan der Bergwelt, was ihm bei den Angestellten eine gewisse Sympathie einbrachte.

Die Bergwanderung, die er für uns geplant hatte, begann mit einem steilen Anstieg. Über Stock und Stein liefen wir hinauf. Jeder von uns trug einen Rucksack mit sich.

Als wir in einer großen Berghütte in etwa 1.800 Metern Höhe ankamen, wurde ein Fest à la carte gefeiert. Es gab ein deftiges Essen. Dazu floss Wein in Strömen. Unzählige Weinflaschen wurden vor uns auf den Tisch drapiert und jeder konnte zugreifen, wie es ihm beliebte.

Auch das gebotene Abendprogramm war einzigartig. Eine Schweizer Trachtenkapelle spielte zum Tanz auf. Eine Volkssängergruppe und Alphornbläser ließen am späten Abend das Programm ausklingen.

Es war für mich ein überwältigender Anblick, als ich in der Abenddämmerung das komplette Alpenmassiv betrachtete, das in einer Bergkette miteinander verbunden 2.800 Meter über dem Meeresspiegel in den Himmel ragte. Manche Bergspitzen waren noch mit Schnee und Eis bedeckt. Sie leuchteten in der Abendsonne in verschiedenen Farben - eine Erinnerung, die man nie in seinem Leben vergisst.

An jenem Abend hielt ich mich mit Alkohol zurück und trank nur ein oder zwei Gläser Wein, denn ich hatte ein ungutes Gefühl. Wenn meine Arbeitskollegen erst angetrunken waren, könnte es Unmut geben. Einige hatte ich als streitsüchtig kennengelernt. Eventuelle Anfeindungen hinsichtlich meiner Nationalität wollte ich heute nicht eskalieren lassen.

Mein inneres Gefühl sagte mir, ich sollte Bedacht und Vernunft walten lassen, während der Füllstand einiger Kollegen wuchs.

Nach dem Ausklang der Feier bekamen unser Chef und seine Frau ein Zimmer für sich. Der Rest der Gäste wurde auf zwei Großräume verteilt. Da die Berghütte zu wenig Platz bot, mussten wir Männer auf unbequeme Feldbetten ausweichen.

Am nächsten Morgen war das Gejammer groß. Viele von uns hatten einen schweren Kopf zu beklagen. Ich war heilfroh, dass es mir gut ging und mein Kopf klar war.

Nach dem Frühstück brachen wir auf. Die Morgensonne begleitete unseren langen Fußmarsch zurück ins Tal. Wir mussten mehrmals eine Pause einlegen, denn der Wein zeigte bei einigen ernste Nachwirkungen.

Am späten Nachmittag kamen wir in der Talstation an. Der Bus brachte uns weiter nach Aarau. Aufgrund unserer Müdigkeit schliefen wir während der Fahrt ein.

Für mich war dieser Ausflug ein schönes Erlebnis. Schon immer war ich ein großer Freund der Bergwelt. Und ich war froh, dass alles gut gegangen war. Auch in der Firma wurde oft noch von diesen zwei Tagen gesprochen.

Wochen später war ich mit meinem LKW auf Tour. Durch meine eigene Unaufmerksamkeit verletzte ich mich beim Abkuppeln des Anhängers an einer scharfen Kante. Meine rechte Hand begann sofort, stark zu bluten. Ich musste die Wunde ärztlich versorgen lassen und bat meinen Chef über Bordfunk um Unterstützung. Schnell kam ein Kollege und brachte mich zum Arzt. Ich wurde arbeitsunfähig geschrieben. Der Tag war für mich gelaufen und plötzlich reihten sich mehrere merkwürdige Geschehnisse aneinander: Der Doktor verbat mir, einen Arzt in Deutschland aufzusuchen. Denn in der Schweiz bestünde ein anderes Gesundheitssystem als in Deutschland, teilte er mir mit. Nach ein paar Tagen bekam ich einen Anruf von meinem Chef, der mich aufforderte, zum Dienst zu erscheinen. Mit der geringfügigen Verletzung wäre es mir sicherlich möglich, ein paar Stunden zu arbeiten, meinte er.

Ich war verwirrt, zumal die Wunde noch sehr schmerzte und die Hand fest verbunden war. Ich verstand die Welt nicht mehr und war mir unsicher, wie ich reagieren sollte. Daher erkundigte ich mich beim Arbeitsmedizinischen Dienst in Bad Säckingen nach meinen Rechten und den möglichen Konsequenzen. Dort wurde ich von einem Arzt empfangen, der die Wunde inspizierte und die Verletzung im Krankenblatt dokumentierte. Ich solle die Wunde unbedingt ausheilen lassen, riet er. Er würde sich mit dem Schweizer Arzt in Verbindung setzen und alles Weitere klären.

Ich war etwas unglücklich über meine Situation. Was würde mein Arbeitgeber sagen? Brachten die grenzüberschreitenden Arztgespräche tatsächlich Klärung? Warum war ich so unvorsichtig gewesen? In derselben Woche bekam ich vom Arbeitsamt in Bad Säckingen einen Anruf. Ein Mitarbeiter erkundigte sich, ob mir meine Arbeit in der Schweiz gefallen würde. Ich berichtete ihm davon. Und als ich meinen Monolog beendet hatte, informierte er mich, er hätte etwas Besseres für mich in Deutschland. Wie ich nun erfuhr, war sein Telefonat einer früheren Bewerbung geschuldet.

Ein kleines Tiefbauunternehmen unweit unseres Wohnorts suchte einen versierten und zuverlässigen Mitarbeiter, der einen Führerschein für große LKW besaß und Berufserfahrung nachweisen konnte. Zusätzlich müsse ich allerdings noch die Tätigkeit eines Baumaschinisten übernehmen, also mit einem großen Bagger fahren und arbeiten.

Jetzt erst wurde mir bewusst, welcher Glücksfall mich gerade ereilte.

Zwischen Himmel und Erde geschehen Dinge, die wir Menschen nicht begreifen. Ich glaube fest daran, dass unser Herrgott Türen öffnet oder Zeichen setzt, wenn man in Not ist oder einen neuen Weg einschlagen sollte.

Sofort ließ ich mir die Anschrift des Unternehmens geben. Telefonisch vereinbarte ich einen Gesprächstermin. Der Firmenchef persönlich empfing mich. Wir unterhielten uns lange und hatten am Ende alle Einzelheiten für den Inhalt des Arbeitsvertrags abgestimmt. Oh! Wie war ich glücklich über diesen Schritt.

Sicher hatte diese Tätigkeit mit meiner früheren Berufsausbildung nicht viel gemein. Aber längst war ich in der Lage, mit einem Schraubenschlüssel und anderen Werkzeugen umzugehen. In der Schweizer Firma hatte ich gelernt, kleinere Reparaturen an den Fahrzeugen selbst auszuführen.

Ich kündigte meinen Job in der Schweizer Firma. Ich konnte nicht wirklich sagen, dass es mir schwer fiel. Ich hatte hier schöne Zeiten erlebt, aber auch genug Unangenehmes.

Ich glaube, vieles hatte ich mir gut geredet, um besser zurechtzukommen. Ich trug die rosarote Brille, um die Probleme zu minimieren.

Ich hatte an Recht und Ordnung geglaubt und an die Würde des Menschen.

Schon im Kindesalter hatte meine Mutter mir diese Werte immer wieder eingebläut als das höchste Gut des Menschen. Es lag wohl auch an meiner Sensibilität oder an meinen Illusionen, dass es mich aus dem Gleichgewicht brachte, wenn das wirkliche Leben davon abwich. Und das geschah zu oft in letzter Zeit. Vielleicht lag es auch daran, dass meine längst sichtbare Alkoholkrankheit mich verändert hatte? Ich weiß es nicht.

Doch sicher war ich mir in zwei Dingen: Die Würde des Menschen darf nie verletzt werden. Und wie mein Großvater schon sagte: „Jeder ist seines Glückes Schmied."

Und daher nahm ich sofort nach der Kündigung meine neue Arbeit in Deutschland auf.

Erfolgreicher Einsatz

Zum Feierabend wurde ich von meinem neuen Vorarbeiter gelobt. Er bestätigte, ich würde gute Arbeit leisten. Auch die übrigen Kollegen waren dieser Meinung. Das gab mir Auftrieb und ich war sichtlich zufrieden mit mir selbst.

Auch die folgenden Wochen und Monate blieben so. Ich fühlte mich so gut, dass ich nicht bemerkte, wie ich mich mehr und mehr aufs Glatteis wagte. Ich wollte der Realität einfach nicht ins Auge sehen.

Von der Narrenzunft wurde ein Sommerfest geplant. Meine kreativen Ideen waren gefragt.

Wir sammelten in der Gemeinde - insbesondere bei den Geschäftsleuten - Gegenstände, die als Preise für die Tombola verwendet werden konnten. Auch Gutscheine waren dabei, die von den Firmen gespendet wurden. Der Hauptgewinn war ein Heimtrainer, den uns ein wohlhabender Geschäftsmann aus dem Ort zur Verfügung stellte.

Ein Landwirt gab uns für die Veranstaltung Quartier in einer großen Gerätescheune. Sie wurde blitzblank gereinigt. Ein Blumengeschäft sorgte für eine wundervolle Dekoration. Zum Schluss wurde eine Bühne für die Musiker aufgebaut.

Die Festveranstaltung begann an einem Freitagabend. Der Präsident der Hochrheinischen Narrenzünfte übernahm den Fassbieranstich mit den Worten „A zapft isch". Daraufhin stießen wir mit einem großen Glas Bier mit ihm an, und das Fest galt als eröffnet. Eine zehnköpfige Jugendband spielte mit modernen Jazz-Stücken auf. Es wurde ein sehr fröhliches Fest, das bis Sonntagmittag andauerte. Bis in die frühen Morgenstunden wurde viel getanzt und gelacht. Die Veranstaltung wurde von vielen Dorfbewohnern und auswärtigen Gästen wahrgenommen. Den Vereinsmitgliedern, die zur Gestaltung der Feierlichkeiten beigetragen hatten, wurde große Anerkennung zugesprochen. Da ich Vorstandsmitglied war, hatte ich die Leitung für diesen Festakt übernommen.

Die Veranstaltung hatte jede Menge Geld in unsere Vereinskasse gespült.

Der Vorzug am Vereinsleben war es, dass Werte vermittelt wurden. Die jungen Mitglieder lernten gleich beim Eintritt die Regeln. Alles hatte seine Ordnung – von der Organisation der Veranstaltung bis hin zur Einhaltung hygienischer Vorschriften.

Es gab eine Vielzahl von Aufgaben. Jedes Mitglied konnte sich nach eigenen Interessen und Fähigkeiten einbringen, übernahm Verantwortung und erhielt Anerkennung und Wertschätzung. So wuchs das gegenseitige Vertrauen innerhalb des Vereins.

Auch ich brachte mich gern und engagiert ein. Und bei den Vorstandswahlen am Jahresende bekam ich von den Mitgliedern das Vertrauen ausgesprochen und wurde für zwei weitere Jahre als Vorstandsmitglied bestätigt.

Da ich als Jugendlicher beim Deutschen Roten Kreuz war, bekam ich eines Tages eine Anfrage von dessen Ortsvorstand. Er warb um meine Mitgliedschaft. Er bezog sich auf meine Ausbildung als Sanitätshelfer, die ich vor Jahren in Bad Säckingen gemacht hatte. Aufgrund des aktuellen, altersbedingten Mitgliederschwundes würde er jeden Interessenten in der Ortsgruppe Öflingen gut gebrauchen können.

Ich überlegte einige Wochen und meldete mich schließlich dort an. Ich durchlief einen Auffrischungslehrgang als Sanitätshelfer, bekam den Status eines vollwertigen Helfermitglieds, eine schmucke Uniform und eine Sanitätstasche mit Verbandsmaterial. Einmal pro Woche war Bereitschaftsabend, an dem wir praktische Übungen für den Ernstfall probten. Dies gab mir Selbstvertrauen, und gerade das brauchte ich dringend. Vom Alkohol konnte ich mich gut zurückziehen. Ich hoffte schon, ich könnte die Abstinenz nachhaltig erreichen.

An einem Freitagnachmittag, als ich bereits früh in den

Feierabend gestartet war, ertönten in unserer Gemeinde die Sirenen.

In der Nähe unseres Wohnhauses brannte ein Bauernhof lichterloh. Die freiwillige Feuerwehr und auch das Deutsche Rote Kreuz mussten ausrücken. Ich schlüpfte blitzschnell in meine Dienstmontur und eilte zur Brandstelle.

Zu Löschbeginn waren nur fünf Feuerwehrmänner anwesend. Die anderen waren noch arbeiten. Der Feuerwehrhauptmann kommandierte mich daher kurzerhand als Schlauchmann ab. Das nahm ich sofort an, denn nach einer ersten Sichtung war niemand verletzt und ich wurde als Sanitäter nicht gebraucht.

Mit einem C-Schlauch versuchte ich, den Brand zu löschen, indem ich ihn einfach auf das Feuer richtete. Ich hatte nicht erwartet, wie sehr dieses Unterfangen an meinen Kräften zehrte.

Zum Glück konnten alle Insassen rechtzeitig das brennende Haus verlassen.

Erst spät in der Nacht war das Feuer unter Kontrolle. Der Eigentümer des Bauernhauses lud alle Helfer zu einem Umtrunk ein. Die Aufräumarbeiten dauerten noch bis in die Morgenstunden an. Wir waren übermüdet und entkräftet. Aber wir gaben nicht auf.

Nach gut einer Woche wurde in unserem Feuerwehrheim eine Besprechung einberufen. Der Feuerwehrkommandant und ich handelten uns eine Rüge ein. Ein Verantwortlicher des Gemeinderates Öflingen kritisierte meine Hilfe. Dass ich der Feuerwehr geholfen hätte, wäre falsch gewesen, meinte er. Ich hätte mich dadurch selbst in Gefahr gebracht. Damit hatte er Recht, das musste ich zugeben. Doch anders der Bürgermeister. Er dankte mir für meinen Einsatz und gratulierte mir. Nach meinem Verständnis musste man in einer Notsituation eingreifen. Es konnte kein Fehler sein, anderen Menschen zu helfen. Man merkte jedoch, dass die ganze Angelegenheit Staub aufgewirbelt hatte. Es wurden neue Statuten zwischen Feuerwehr und Rotem Kreuz ausgearbeitet. Von nun an, so wurde beschlossen, würden die freiwillige Feuerwehr und das Rote Kreuz enger zusammenarbeiten. Man konnte mir die Genugtuung über diese Entscheidung ansehen. Ich war einfach nur stolz auf mich.

Mein alter Jugendfreund

Als Jeanette und ich an einem Samstagmorgen mit dem Auto in Bad Säckingen unseren wöchentlichen Einkauf tätigten, traute ich meinen Augen nicht. Mitten im Supermarkt standen wir plötzlich meinem alten Jugendfreund Otmar und seiner Frau gegenüber. Da wir uns seit Jahrzehnten nicht mehr gesehen hatten, fielen wir uns glücklich in die Arme. Sogleich tauschten wir unsere Adressen und Telefonnummern aus. Wir verabredeten uns für den kommenden Sonntag zu einem gemeinsamen Treffen.

Ich konnte es kaum erwarten. An dem ersehnten Tag fuhren wir gleich nach dem Mittagessen los.

Als herzliche Geste brachten wir einen Blumenstrauß mit, über den sich Otmars Frau sehr freute. Wir hatten uns viel zu erzählen. Durch die intensiven Gespräche vergaß ich sogar, von der leckeren Schwarzwälder Kirschtorte, die auf dem Tisch stand, zu essen. All unsere alten Jugendgeschichten waren plötzlich wieder präsent. Wir lachten, waren auch nachdenklich und sprachen lang.

Otmar lernte ich vor gut 25 Jahren kennen. Nach seiner Schulzeit erlernte er den Beruf des Malers und Tapezierers und da sein Vater selbst Malermeister war und einen eigenen Malerbetrieb führte, stieg Otmar nach seiner Ausbildung in die elterliche Firma ein.

Obwohl wir beide nicht vom selben Menschenschlag waren, verstanden wir uns doch gut, zumal wir herausgefunden hatten, dass wir dieselben Interessen verfolgten. Da es zu unserer Jugendzeit noch keine Diskotheken gab und auch sonst für junge Leute keine großen Angebote vorhanden waren, vergnügten wir uns mit Kinobesuchen.

Zur damaligen Zeit gab es in Säckingen drei Filmtheater, in denen wir oft verkehrten. Da in jedem Kino ein anderer Film lief, sahen wir uns an verregneten Sonntagen zwei oder sogar drei verschiedene Vorführungen an.

Wir kannten alle großen Filmschauspieler und ihre einzigartigen Filme. Im Anschluss saßen wir oft gemütlich in einem Café beisammen und diskutierten über einzelne Filmpassagen.

Otmar war ein Mensch, der künstlerisch sehr begabt war. Seine Leidenschaft gehörte der Fotografie. Er betrieb ein eigenes Fotolabor. Ich lernte sehr viel von ihm.

Es war nur eine Frage der Zeit, dass ich mir eine eigene Fotokamera zulegte und ihm nacheiferte. Bis zum heutigen Tag macht mir Fotografieren sehr viel Spaß.

Mein Freund hatte das gleiche Schicksal zu tragen wie ich. Früher war er oft den Tränen nahe und erzählte mir von seinem Vater und dessen Unbeherrschtheit, wenn im Malerbetrieb wieder einmal etwas schief gelaufen war. Otmar tat mir sehr leid. Sein Vater war seit Jahrzehnten Alkoholiker - so wie auch mein Stiefvater. Und oft war sein Vater zu betrunken, um in der Malerwerkstatt eine vernünftige Arbeit auszuführen. Dann gab es Streit, der eskalierte. Und Otmar konnte sich nicht dagegen wehren. Zu gut kannte ich dieses Szenario selbst.

Diese Rückblicke waren für mich sehr traurig und hatten mich melancholisch gestimmt.

Otmar erzählte mir dann, dass sein Vater vor einigen Jahren verstorben sei. An seiner Alkoholsucht, so berichtete er, kam er jämmerlich ums Leben. Als sein Vater auf dem Sterbebett lag, hatte sich Otmar geschworen, nie Alkohol zu sich zu nehmen.

Ich fand seine Aussage sehr stark und beneidete ihn dafür, hatte ich doch diesbezüglich immer wieder in den letzten Jahren einige Eskapaden durchlebt.

Von dieser Zeit an trafen wir uns regelmäßig und verbrachten die Sonntage gemeinsam. Wir unternahmen ausgiebige Spaziergänge mit tiefgründigen Gesprächen.

Oft trafen wir uns im Schlosspark zu Bad Säckingen. Hier befindet sich das berühmte Schloss Schönau. Es

wurde um 1600 erbaut und dient heute als Museum.

Das kleine Teehäuschen im Park ist ein Bauwerk der Barockarchitektur und lädt zum Verweilen ein. Denn von der Terrasse aus hat man einen sehr schönen Blick auf den Rhein und die Trompeterinsel. Auf der gegenüberliegenden Rheinseite kann man die Ortschaft Stein-Säckingen und die dahinterliegenden Schweizer Berge bewundern.

Nicht zu vergessen ist der Diebesturm, der früher als Befestigungsanlage der Stadtmauer diente.

Die historische Holzbrücke, die um das 13. Jahrhundert aus einer einzigartigen Holzkonstruktion erbaut wurde, kann man hier ebenfalls bewundern. Sie verbindet

Deutschland und die Schweiz.

Im 11./12. Jahrhundert wurde Säckingen gegründet und bekannt durch den heiligen Fridolin. Er gilt als Glaubensbote, der seinem Besitz entsagte und sich zu geistlichem Leben entschied. Später war der deutsche Dichter Joseph Victor von Scheffel in Säckingen tätig. Er schrieb den Versepos „Trompeter von Säckingen" und brachte den Namen der Stadt in die Literaturgeschichte ein. Im Jahr 1978 wurde Säckingen der Titel „Bad" verliehen.

Säckingen ist eine sehr alte Stadt, dennoch ist sie jung geblieben. Ich liebe diese Stadt, in der ich geboren wurde, so sehr. Auch heute noch habe ich häufig Heimweh. Für mich ist es die schönste und die lebendigste Stadt. Sie hat ihr einzigartiges Flair bis heute bewahrt.

Berlin ruft

An einem Sonntagnachmittag saßen meine Frau und ich gemütlich zusammen, als das Telefon klingelte. Meine Schwiegereltern riefen an und berichteten, dass Jeanettes Cousine in Berlin heiraten würde und wir hierzu herzlich eingeladen sind.

Das freute uns. Doch das Unterfangen war schwieriger als gedacht, denn uns beiden standen keine Urlaubstage mehr für dieses Kalenderjahr zu. Jeanette wurde im Moment dringend im Altenpflegeheim gebraucht. So beschlossen wir, dass wenigstens ich bei der Hochzeit dabei sein sollte.

Am darauffolgenden Tag bat ich meinen Chef um Sonderurlaub. Er schien, schlecht gelaunt zu sein, und winkte sofort ab. Am nächsten Morgen kam er auf mich zu und erkundigte sich bei mir, wie lange mein Aufenthalt in Berlin geplant wäre. „Höchstens vier Tage", antwortete ich. Er schüttelte den Kopf. Wie solle die Firma ohne mich auskommen, fragte er. Dann sprach er aber doch mit den Bauleitern und gab mir mit der Auflage frei, unbedingt wiederzukommen und nicht in Berlin zu bleiben.

Das versprach ich ihm gern und bedankt mich. Ich war glücklich über sein Entgegenkommen.

So machte ich mich an einem Donnerstagmorgen auf den langen Weg nach Berlin. Von Lörrach aus führte mich die Autobahn an Frankfurt am Main vorbei, in nordöstliche Richtung weiter auf die Transitstrecke bei Leipzig und dann nach Berlin.

Ich hatte Glück, denn ich kam gut voran. Es gab kaum Staus. Einige Male hatte ich Rast eingelegt, um meine Beine zu vertreten und nicht zu ermüden.

Obwohl ich die Strecke kannte, kam sie mir unheimlich lang vor.

Gegen Abend erreichte ich Berlin. Die Freude war einfach riesig, als ich meine Schwiegereltern wieder in die Arme schließen konnte. Bei einem deftigen Abendessen musste ich ausführlich berichten, was es Neues im Schwarzwald gab. Bis spät in die Nacht saßen wir in der Wohnstube und klönten über alte Zeiten. Das Wiedersehen hatte für mich etwas Besinnliches. Ich fühlte mich wie in die Vergangenheit zurückversetzt, als ich noch hier in der Stadt lebte.

In dem kleinen Gästezimmer konnte ich mich dann zur Ruhe legen und schlief sofort ein.

Am nächsten Morgen erwachte ich gut erholt von den Strapazen der langen Fahrt. Die Erinnerungen an Berlin, die am Abend zuvor geweckt wurden, waren sofort wieder präsent. Geschichten aus den alten Zeiten flogen durch meine Gedanken. Die Faszination der

Stadt, so wie sie mich früher packte, hatte sich aber in der Zwischenzeit gelegt. Gab es doch schöne und weniger schöne Zeiten, die ich in Berlin erlebt hatte.

Da meine Schwiegereltern arbeiteten, hatte ich den ganzen Tag zu meiner freien Verfügung. Gleich am Morgen nach dem Frühstück begab ich mich in meinen alten Kiez, in dem wir gewohnt hatten. Auch der vertrauten Kneipe an der Ecke stattete ich einen Besuch ab.

Als ich die Türe öffnete, flog mir lauter Beifall entgegen. Mit „Der Ausländer aus dem Schwarzwald ist wieder in der Stadt!" wurde ich herzlich begrüßt. Es waren die Stammgäste, die alten Kumpels von früher. Die meisten von ihnen waren arbeitslos und trieben sich in der Kneipe herum, um ihren Frust mit einigen Bieren zu ertränken.

Es wurde ein feuchtfröhlicher Tag - im wahrsten Sinne des Wortes. Die Bierrunden gingen ineinander über, ohne Worte zu wechseln. Wenn man sein leeres Glas erhob, stand ein Neues auf dem Tresen. Ich denke, für den Kneipenwirt kam das sehr gelegen. Es war für ihn ein umsatzstarker Tag.

Das Wiedersehen mit meinen alten Kumpels kam mich teuer zu stehen. Am Ende war es meine Angelegenheit, die dreistellige Zeche zu zahlen.

Am frühen Nachmittag verließ ich die Kneipe mit einem

gewaltigen Schwips und Seegang. Ich wollte nur noch nach Hause, um zu schlafen.

Gott sei Dank waren meine Schwiegereltern noch nicht daheim, so dass sie von meinem Zustand nichts bemerkten, sonst hätte ich sicher gewaltigen Ärger bekommen. Ich legte mich ins Bett und schlief sofort ein. Erst spät am Abend weckte mich mein Schwiegervater und fragte, ob ich kein Abendbrot essen wolle. Gerne würden Sie zur Feier des Tages noch etwas mit mir unternehmen, teilte er mir mit. Ich wäre ja so selten zu Besuch in Berlin.

Ich winkte ab. Ich wollte nur schlafen, obwohl mir die Situation, in die ich mich wieder einmal selbst gebracht hatte, sehr peinlich war.

Beinahe hätte ich die Hochzeit von Jeanettes Cousine verschlafen. Mit Kopfschmerzen und Gummibeinen quälte ich mich zu den Feierlichkeiten. Die ganze Verwandtschaft sah mir an, dass ich noch angetrunken war und sehr litt. Ich kam mir vor, als hätte mich meine Vergangenheit eingeholt. Dieses Gefühl war übermächtig und belastete mich.

Als nach Stunden allmählich mein klarer Kopf zurückkehrte, rief ich meine Frau an und erzählte ihr, was geschehen war. Sie meinte, dass man mich nicht alleine lassen könne. Und sie hatte Recht.

Ich reiste einen Tag früher ab als geplant. Von meinen

Schwiegereltern kam zu keiner Zeit ein Kommentar zu meinem Verhalten. Aber dennoch fühlte ich die Disharmonie, die zwischen uns entstanden war. Ich schämte mich sehr dafür.

Wieder einmal hatte ich bewiesen, dass der Alkohol mich fest im Griff hatte. Auch wenn ich mich noch so sehr bemühte, ohne ihn auszukommen, so kamen die Exzesse doch immer wieder zurück.

Die lange Fahrt von Berlin in den Schwarzwald zog sich hin und wollte einfach nicht enden. Die Gedanken an mein unangebrachtes Verhalten plagten mich. Ich war mir sicher, dass ich gegen alle Sitten und Regeln verstoßen hatte.

Abermals musste ich anhalten und eine Pause einlegen, denn das Verkehrsaufkommen war enorm. Viele Urlauber waren in Richtung Süden unterwegs.

Erst spät am Abend kam ich zu Hause an. Als ich das Wohnzimmer betrat, blickte mich meine Frau böse an. Meine Schwiegereltern hatten ihr in der Zwischenzeit telefonisch geschildert, was sie aus meinem Munde bereits erfahren hatte. Einige Tage zog sich die angespannte Atmosphäre hin. Am liebsten hätte ich mich irgendwo verkrochen. In ihren Augen hatte ich wohl den größten Bock geschossen, den man sich vorstellen konnte. Und es entsprach ja der Realität, das war mir bewusst.

Ich konnte nur froh sein, dass Jeanette tolerant und nicht nachtragend war und die belastende Stimmung allmählich verflog.

Damals gelobte ich mir selbst, dass ich niemals mehr alleine nach Berlin fahren würde. Die Gefahr für mich war einfach zu groß. Durch meine eigene Labilität. Durch meine alten Freunde. Durch die alten Gewohnheiten. Vielleicht waren all diese Dinge auch ein Grund, weshalb meine Frau vor Jahren Berlin so plötzlich verlassen wollte. Vielleicht äußerte sie diesen Wunsch meinetwegen. Vielleicht wollte sie mich damals schon aus dem Sumpf der Tatsachen holen. Vielleicht wollte sie mich vor der Verführung beschützen, in eine Kneipe zu gehen und mich zu betrinken. Lag diese doch direkt vor unserer Haustür. Und gab es doch zu viele Bars und Kneipen in der Stadt, in denen ich mich damals regelmäßig wiederfand.

Gott sei Dank war nach einiger Zeit Gras über diese Tragödie gewachsen, so dass ich selbst wieder zur Ruhe kam. Bald versöhnte ich mich auch mit Jeanettes Eltern und bat sie um Verzeihung.

Meine Arbeitskollegen belog ich aus Scham. Als sie fragten, wie es in Berlin gewesen sei, sagte ich nur: „Alles Bestens."

Das Ehrenamt

Von der Behörde Waldshut bekam ich eines Tages ein Schreiben. Der Kreisverband des Deutschen Roten Kreuzes sei auf der Suche nach ehrenamtlichen Helfern für den Katastrophenschutz, wurde mir mitgeteilt. Die Landes- und Kreisverbände der verschiedenen Hilfsorganisationen haben die besondere Aufgabe, Hilfs- und Führungskräfte für Feuerwehren, das Rote Kreuz und das Technische Hilfswerk zu mobilisieren. Dies habe für die Landesregierung Baden-Württemberg für den Schutz der Bevölkerung einen sehr hohen Stellenwert. Hintergrund sei auch das nahegelegene Kernkraftwerk in der Schweizer Ortschaft Leibstadt und die damit verbundene Gefahr eines Störfalles. Da ich einige Jahre zuvor spezielle Lehrgänge beim Roten Kreuz absolviert hatte, schlug der Verband mir vor, dass ich einen Führungslehrgang besuchen könne, um mich für eine höhere Position zu qualifizieren. Als wir in den darauffolgenden Tagen eine Bereitschaftsbesprechung beim Roten Kreuz hatten, stimmte ich diesem Vorschlag zu. Die Kosten des Lehrgangs wurden vom Land Baden-Württemberg und dem Kreisverband getragen. Von meinem Chef wurde ich für fünf Tage freigestellt, auch wenn ich ein leises Knurren im Unterton zu vernehmen schien. Die Landeskatastrophenschutzschule, die für die gesamte baden-württembergische und die angrenzenden Regionen zur Verfügung stand, lag in Neuhausen auf den Fildern, einige Kilometer von Stuttgart entfernt.

Zum Unterrichtsbeginn begrüßte uns die Schulleitung und belehrte uns. Alkoholische Getränke waren nicht erlaubt. Das Schulgelände zu verlassen, war nicht erwünscht – es sei denn, wichtige Gründe würden dafür sprechen. Relativ schnell wurde deutlich, dass sich die Schulleitung für ein sehr hohes Ausbildungsniveau und Disziplin einsetzte.

Der Hausmeister teilte uns anschließend in einzelne Gruppen ein und brachte uns in die Unterkünfte. Wir waren ungefähr 150 Schüler, die aus verschiedenen Hilfsorganisationen stammten. Es waren junge Frauen und Männer, die sich für das Wohl der Allgemeinheit und für Humanität einsetzen wollten.

Das Schulgelände war riesengroß. Einzelne Bauruinen dienten für Übungszwecke.

Die Ausbildung erfolgte Montag bis Freitag von 8.00 bis 17.00 Uhr. Geschult wurden wir von Feuerwehrbeamten, die aus dem aktiven Dienst ausgeschieden waren.

Insgesamt 25 Leute gehörten zum Deutschen Roten

Kreuz. Wir wurden in einer separaten Gruppe unterrichtet. Der Lehrgang zielte auf die Ausbildung von Gruppenführern des Sanitätsdienstes. Zu den Themen zählten die Aufgaben und Organisation des zivilen und des Katastrophenschutzes, Hilfeleistungen beim Austritt radioaktiver und chemischer Stoffe sowie beim Massenanfall von Verletzten. Dazu kamen Kompetenzen der Führungs- und Einsatztechnik. Und am Ende stand eine schriftliche Prüfung an.

Der Ausbildungsstoff war sehr vielfältig. Meist saßen wir abends in kleinen Gruppen zusammen und diskutierten die Themen bis spät in die Nacht.

Nachdem wir alle die Prüfung bestanden hatten, überreichte uns der Schulleiter Urkunden mit den besten Wünschen für unsere Zukunft und den Worten: „Möge es nie zu einer Katastrophe kommen!"

Glücklich und zufrieden und ebenso mit einem enormen Fachwissen kehrten wir nach Hause zurück. Ich wurde nun der Abteilung „Katastrophenschutz" im Deutschen Roten Kreuz als Gruppenführer zugeteilt.

Einige meiner Kameraden waren neidisch auf meinen Erfolg, aber das störte mich nicht. Sie hätten ja auch selbst an dem Kurs teilnehmen können!

Von Bedeutung für mich war, dass ich etwas Vernünftiges und Hilfreiches für die Allgemeinheit getan hatte. So entsprach es meiner eigenen Philosophie und meiner Wertschätzung für die Mitmenschen.

In dieser Zeit war ich in der Lage, das Verlangen nach Alkohol für Tage und Wochen zu unterdrücken. Die Ausbildung hatte zu einer Ausgeglichenheit und Zufriedenheit in mir selbst geführt. Das genoss ich sehr. Aber leider hielt es nicht lange an.

Existenzängste

Nach wenigen Tagen wurde ich beim Deutschen Roten Kreuz in die Bestimmungen zur Zusammenarbeit mit der Feuerwehr eingewiesen. Die Position des Gruppenführers für den Katastrophenschutz bekam für mich hierdurch neue Facetten. Ich nahm die Verantwortung bereitwillig an.

Noch im gleichen Jahr konnte ich mit Mitarbeitern der ABC-Schutzeinheit Lörrach, einer Abteilung der Feuerwehr, das Kernkraftwerk in Philippsburg besichtigen. Der Arbeitsablauf im Werk wurde uns vorgestellt. Zudem nahm ich an mehreren Katastrophenschutz-Übungen teil. Die Evakuierung eines Krankenhauses wurde geprobt. Zu einer Taucherübung auf dem Rhein wurde ich von der Feuerwehr eingeladen. Mit meiner Fotokamera hielt ich die faszinierenden Szenen in Bildern fest und fertigte daraus eine Dokumentation für Lehrzwecke an.

Ich war glücklich über das Erreichte und zuversichtlich, die berufliche Arbeit und meine ehrenamtliche Tätigkeit in Einklang zu bringen. Und dennoch schlich sich eine gewisse Angst ein, ich könnte versagen.

Die Kompromisse, die ich eingegangen war, versuchte ich auszubalancieren. Aber dieser Versuch scheiterte nach Monaten.

Meine Verzichtsbereitschaft auf Alkohol war groß und dennoch konnte ich nicht leugnen, dass ich längst Alkoholiker war. So schlugen die Gelegenheiten zu und zehrten an mir. Und nicht nur an mir.

Der örtliche Wanderverein hatte unsere Narrenzunft nach Österreich in die Stadt Bregenz zu einem Wandertag eingeladen. Ein Tagesausflug mit dem Bus war hierfür geplant. Gleich nach Fahrtbeginn gingen die Wein- und Bierflaschen durch die Sitzreihen zum freien Verzehr. Auch ich konnte der Versuchung nicht widerstehen, auch wenn ich mir einbildete, mich zurückzuhalten. Erst später stellte sich heraus, dass es mir nicht gelang. Als wir ankamen, stolperten die Ersten aus dem Bus.

Meine Frau und ich entschieden uns, die angebotene 10-Kilometer Strecke zu wandern. Das Wetter lud dazu ein. Der Weg führte uns am Ufer des Bodensees entlang und durch die nahegelegene Gebirgslandschaft rund um die Stadt Bregenz – teilweise mit einer faszinierenden Aussicht.

Als wir am späten Nachmittag die Heimfahrt antraten, war die schwere Gangart der meisten Narrenfreunde leicht zu erkennen. So begann eine Horrorfahrt zwischen neuen Flaschen, drückenden Blasen und reichlich Gejammer.

Als der Busfahrer nach langem Bitten und Betteln endlich an einem Rastplatz hielt, stürmten wir in alle Himmelsrichtungen hinaus. Die Frauen stellten sich artig in die Schlange vor der Toilette. Und nach gut einer halben Stunde bemühten wir uns, wieder in den Bus einzusteigen. Der Busfahrer erkundigte sich, ob alle anwesend seien und ein geballtes „Ja!" kam zurück. Langsam setzte sich der Bus in Bewegung.

Plötzlich hallte ein lautes „Anhalten!" durch die Sitzreihen. Erst jetzt war mir aufgefallen, dass meine Frau fehlte. Jeanette war nicht hier. Und der Bus hatte sich bereits auf der Autobahn eingefädelt und seine Fahrt fortgesetzt.

Sofort steuerte der Fahrer den Bus auf die Standspur und stoppte. Er erkundigte sich nach dem Grund meines Ausbruchs. Ich sagte ihm, dass wir meine Frau auf dem Rastplatz vergessen hätten.

Mit größter Vorsicht rollte er – entgegen aller Regeln – rückwärts auf der Standspur zurück. Ein lautes Lachen und Beifallklatschen schallte durch den Bus, als wir den Parkplatz erreichten. Meine Frau saß seelenruhig auf einer Parkbank am Straßenrand der Autobahnauffahrt. Mit Zähneknirschen und einem grimmigen Unterton meinte sie: „Ich wäre schon per Anhalter nach Hause gekommen. Irgendeiner hätte mich mitgenommen."

Ich nahm meine Frau fest in den Arm und entgegnete:

„Gott sei Dank, dass ich dich wieder habe."

Doch Jeanette war sauer. Den Rest des Tages sprach sie nur noch das Nötigste mit mir. Tagelang hing in unseren vier Wänden der Haussegen schief, denn meine Frau war sehr enttäuscht von mir.

Ich weiß, dass das alles nicht passiert wäre, wenn ich mich am Besäufnis nicht beteiligt hätte.

Die Vereinskameraden ließen sich ihre gute Laune nicht verderben und kippten wieder eine Weinflasche nach der andern. Als die nächste Flasche unsere Sitzreihe passierte, nahm ich nur einen kleinen Schluck. Ich hatte schon längst mein Alkoholpensum überschritten.

Als wir nach Stunden an unserem Wohnort ankamen, konnten sich die meisten nicht mehr auf den Beinen halten. Auch meine Verfassung war wieder einmal am Boden. Ich war viel zu betrunken, um einen klaren Gedanken zu fassen. Und so verabschiedete ich mich in mein Bett, obwohl der Vereinsvorstand noch zu einem gemütlichen Tagesausklang in unserem Vereinslokal eingeladen hatte.

Am nächsten Tag konnte ich mich nicht aus dem Bett aufraffen, obwohl die Arbeit auf mich wartete. Meine Beine trugen mich nicht. Der Kopf schmerzte.

Ich musste meinem Chef erklären, dass ich nicht zur Arbeit kommen konnte, weil es mir nicht gut ging. Zu jener Zeit war ich bereits vier Jahre im Unternehmen beschäftigt, fühlte mich daher relativ sicher im Job und ging davon aus, dass mein Verhalten keine Konsequenzen habe.

Ich zog mir die Bettdecke über den Kopf und wollte meinen Rausch ausschlafen. Zum ersten Mal hatte ich meinen Chef belogen und ihm verschwiegen, dass der Alkohol schuld an meiner Unpässlichkeit war. Ich schämte mich.

Am Folgetag hatte ich meinen Kater ausgeschlafen. Ich fuhr mit dem LKW gleich morgens auf die Baustelle. Ich kam als Erster an und war für einige Zeit auch der Einzige. Daher beschäftigte ich mich mit Wartungsarbeiten an meinem Fahrzeug.

Nach und nach kamen meine Arbeitskollegen und begegneten mir sehr unfreundlich. Gerade an diesem Montag, an dem ich gefehlt hatte, wäre meine Anwesenheit dringend notwendig gewesen, rief mir mein Chef wutentbrannt entgegen, als er eintraf.

Was mir denn einfallen würde, nicht zur Arbeit zu erscheinen! Ich hätte den ganzen Arbeitsplan durcheinander gebracht. Ich hätte Baumaterial von unserem Depot zur Baustelle transportieren müssen. Und wenn ich keine Lust zum Arbeiten hätte, könnte er mich sofort austauschen. Der Nächste, der Arbeit sucht, würde schon vor seinem Büro stehen, schrie er.

Ich sah ihn entsetzt an. Mehrere Male entschuldigte ich mich bei ihm und versprach, dass es nicht wieder vorkommen würde.

Dieser Moment führte mir erneut vor Augen, dass ich immer wieder in die alten Muster fiel. Der Alkohol ergriff regelmäßig Macht über mich. Es war wie ein Sog. Wenn ich nichts dagegen unternahm, setzte ich meine Existenz aufs Spiel. Und das würde weitere fatale Konsequenzen nach sich ziehen.

Die Bewährungsprobe

Ich hatte nicht nur meine Frau, sondern auch meine Arbeitskollegen und meinen Arbeitgeber enttäuscht. Ich dachte bei mir selbst, was so ein kleiner Ausrutscher doch alles in Gefahr bringen oder gar zerstören kann! Wochen vergingen, bis sich das angespannte Verhältnis zu meinem Chef beruhigte und ich sein Vertrauen wiedergewann.

Mir war bewusst, dass ich etwas ändern musste. Nur hatte ich keinen blassen Schimmer, was? War es nicht das Normalste von der Welt, wenn ich bei einer Festlichkeit, am Stammtisch oder nach einem harten Arbeitstag entspannt ein Bier zu mir nahm? Ich wusste einfach zu wenig von dem Phänomen Alkoholkrankheit.

Wieder vergingen Wochen. Als unser langjähriger Hausarzt an einem Sonnabend Sprechstunde hatte, erzählte ich ihm von meinen Problemen. Er tat sie schnell ab. Ich solle mit dem Alkoholgenuss und den Zechgelagen einfach aufhören, meinte er nur. Dass ich Alkoholiker und somit krank war, darauf ging er nicht ein. Ich war enttäuscht. Ich wusste, dass mir dieser Tipp nicht weiterhalf.

Ich fühlte mich mit meinem Schicksal allein gelassen und war wütend auf mich selbst und meine Umwelt. Wie sollte ich es ohne Hilfe schaffen, keinen Tropfen Alkohol mehr zu trinken? Zu gerne genoss ich nach der Arbeit mein Bier. War nicht wissenschaftlich sogar bewiesen, dass das gesund hielt? Längst hatte ich zur damaligen Zeit den Sinn für die Realität verloren. Auch meine Frau litt unter meinen Alkoholeskapaden. Immer öfter gab es Streit. Ich versprach Jeanette wieder und wieder, mit dem Trinken aufzuhören. Wie das gehen sollte, wusste ich selber nicht.

Oft betete ich zum lieben Gott leise vor mich hin und bat ihn, dass er die Alkoholsucht von mir nehmen solle. Aber meine Gebete wurden nicht erhört.

Erst Jahre später sollte es mir gelingen, abstinent zu leben. Bis dahin konnte ich mich nicht mit dem Gedanken anfreunden, ganz auf Alkohol zu verzichten.

Eines Abends, als ich völlig ausgepowert von der Arbeit auf dem Heimweg war, freute ich mich auf ein schönes, kühles Bier und kehrte in meine Stammkneipe ein. Meine Arbeitsstiefel waren von der Baustelle völlig verdreckt. Bevor ich ein großes Glas Bier bestellen konnte, schmiss mich die Wirtsfrau mit einem entsetzten Blick auf mein verschmutztes Schuhwerk kurzerhand aus dem Lokal.

Ich war verärgert über diese Art der Behandlung. Nie

zuvor hatte ich etwas Vergleichbares erlebt. Einige Wochen lang ging ich nach der Arbeit sofort nach Hause, ohne auch nur einen Fuß über die Schwelle meines Stammlokals zu setzen. Mein Stolz war zutiefst verletzt.

Wochen später, als wir von unserem Verein eine Sitzung dort hatten, traute ich mich wieder in das Lokal und entschuldigte mich bei der Wirtin für meine verdreckten Stiefel. Sie meinte nur: „Du hättest sie dir ja vor der Türe ausziehen können!" Nach ihrer Einschätzung hätte es den Gästen nichts ausgemacht, wenn ich in Strümpfen mein Bier getrunken hätte.

Eines Tages kam mein Chef auf mich zu und erkundigte sich, ob ich Zeit und Lust hätte, ihm an einem Sonnabend bei der Gartenarbeit zu helfen. Sofort willigte ich ein.

Pünktlich zur verabredeten Zeit erschien ich vor seiner Haustür und unterstützte ihn bei den anstehenden Aufgaben. Im Anschluss nutzte ich die Gelegenheit, mit ihm über meine Probleme zu sprechen.

Er brachte mir sehr viel Verständnis entgegen und schien mir wohlgesonnen. Gleichzeitig freute er sich über meine offenen Worte und darüber, dass ich mich ihm anvertraute. Er sagte mir, ich solle auf meinen Führerschein achten. Es täte ihm leid, wenn mir die Polizei oder der Staatsanwalt die Fahrerlaubnis abnehmen würden. Er wolle ungern auf mich verzichten. Denn er wäre mit mir sehr zufrieden.

Von seinen Worten war ich zu Tränen gerührt. Mit aller Kraft versuchte ich, mich zusammenzureißen und dem Alkohol zu widerstehen. Doch das fiel mir schwer. Nur aus Angst, dass ich meinen Führerschein und damit meine Existenz verlieren könnte, trank ich weniger. Ich wollte nicht als notorischer Alkoholiker abgestempelt werden. Mein Bierkonsum besserte sich ganz allmählich.

Fast ein Jahr lang nahm ich nur mäßig Alkohol zu mir. Es bedeutete für mich, eine Bewährungsprobe zu bestehen. Und dass ich es schaffte, wirkte sich auch positiv auf unsere Ehe aus. Jeanette schöpfte neuen Mut.

Achterbahn der Gefühle

Es war der 31. Mai. Mein vierzigster Geburtstag sollte mit einer großen Party begangen werden. Meine Frau und der Gastwirt meines Stammlokals ließen es sich nicht nehmen, die Feier gebührend zu organisieren. Leute aus dem Verein wurden eingeladen. In der Kneipe wurde ein separater Raum angemietet. Etwa 20 Mitglieder aus dem Ortsverein vom Roten Kreuz und natürlich auch aus der Narrenzunft kamen zusammen, um mir zu gratulieren und mich reichlich zu beschenken.

Einige von ihnen hatten sich Gesellschaftsspiele ausgedacht und sangen mir ein Geburtstagsständchen.

Bis in die frühen Morgenstunden floss der Alkohol und als die Morgensonne durch die Fenster schien, waren viele Flaschen Wein und Schnaps geleert. Obwohl ich versucht hatte, mich zurückzuhalten, sprach meine Alkoholfahne für sich. Wieder einmal hatte ich bewiesen, dass der Alkohol mich fest in seinen Bann schloss. Ja, ich war ihm ausgeliefert!

Es war egal, wie fest ich mir vornahm, dem Alkohol zu widerstehen. Die Sucht war doch stärker.

Regelmäßig brauchte ich den Stoff und wenn ich kein Bier vorrätig hatte, bekam ich schweißnasse Hände.

Oft überkamen mich Albträume. Es gab Nächte, in denen ich schweißgebadet aufwachte. Oft quälten mich Hilflosigkeit und Ohnmachtsgefühle, so dass ich das Bett fluchtartig verließ und nach der Flasche griff. Entzugssymptome pur!

So sehr hatte mich der Mythos Alkohol in seinen Bann gezogen, dass es ein Trugschluss war, ich könne jemals mit dem Trinken aufhören. Erneut wurden die Trinkpausen kürzer und die Kontrollverluste häufiger. Und doch besann ich mich wieder öfter auf meine Jugendzeit, in der ich noch kontrolliert und gesittet mein Bier trinken konnte. Ich hatte es genossen. Aber nun war es zur Sucht geworden. Ich genoss es nur noch auf den ersten Blick. Dahinter standen Alkoholexzesse, die mich aus der Bahn warfen. Und dazu kam Angst. Ich wollte noch nicht sterben.

Was hatte ich als Jugendlicher nicht alles erlebt? Meinen Stiefvater, Schreckensbilder, dunkle Erinnerungen. All das war wieder vor meinem geistigen Auge. Ein schrecklicher Gedanke, der mich fast zur Resignation und Verzweiflung brachte.

Doch eines Morgens, als unsere Firma wegen der schlechten Auftragslage geschlossen war, saß ich gemütlich zu Hause am Frühstücktisch. Da hörte ich im Radio die Sendung „Das Wort in den Tag". Ein evangelischer Pfarrer sprach über ein Gleichnis des Lebens. Seinen Namen habe ich leider vergessen, aber seine Geschichte bedeutete mir sehr viel.

Was ich mir merken konnte, war Folgendes: Draußen auf dem Ozean kreuzte ein alter, dampfbetriebener Ozeanriese, der zusammengehalten wurde von Stahlträgern, Schrauben, Nieten und Stahlblanken, als plötzlich eine große Schraube zu einer kleinen Schraube sagte: „Mir ist es hier viel zu eng und ich bin viel zu satt angezogen." Die große Schraube war verantwortlich für die Planken, die das Schiff zusammenhielten. Da meinte die kleine Schraube: „Wenn es dir zu eng ist, dann löse dich doch. Aber dann löse ich mich auch." Und nun begannen auch die Stahlnieten zu murren: „Na gut, wenn das so ist, dann lösen wir uns ebenfalls."

Da meldete sich ein großer dicker Stahlbolzen, der verantwortlich war für die Stahlträger, die den Schiffsrumpf zusammenhielten: „Hört auf mit dem Blödsinn! Wenn ihr euch alle löst, dann bricht das ganze Schiff auseinander und wir müssen hier auf hoher See jämmerlich ersaufen und würden nie mehr einen Hafen anlaufen können."

Heute noch denke ich immer wieder an diese Geschichte zurück.

Wenn wir uns im Leben von irgendetwas loslösen wollen, was geht dabei in uns vor und wie sollte es gehen? Wenn mir mein Leben zu eng wurde und ich vor Problemen stand, griff ich zum Alkohol. Doch er war keine Lösung. Er war mein Untergang. So wie auch das Lösen der Schrauben aus dem engen Gewinde den Untergang des Schiffes bedeutet hätte. War die Enge, in der wir uns wiederfanden, nicht gerade die Aufgabe, die uns gegeben war?

Und war Jeanette unsere Ehe zu eng geworden durch meine Alkoholkrankheit? Hatte ich ihr doch in all den Jahren eine große Last auferlegt! Wollte sie sich vielleicht irgendwann einmal loslösen aus unserer Beziehung? Der Gedanke an den Zusammenhalt unserer langjährigen Ehe schwirrte immer wieder durch meinen Kopf. Sonst hätte ich meine Frau verloren, die ich doch über alles auf der Welt liebe.

Woher sollte ich kompetente und autorisierte Hilfe bekommen, wenn ich dem Alkohol entsagen wollte? Die Erforschung der Alkoholkrankheit war noch in den Kinderschuhen und hatte längst nicht die Anerkennung, die sie in den späteren Jahren erfuhr. Besonders in den ländlichen Regionen war sie Tabu.

Von der Schulmedizin her wusste man zwar von der Alkoholsucht, doch sprach man dieser Krankheit und ihren Symptomen zu wenig Bedeutung zu. Von einer therapeutischen Behandlung hatte ich bis zur damaligen Zeit noch nie etwas gehört. Die Krankheit wurde totgeschwiegen. Auch ich hatte mich mit derartigen Suchtproblemen nie befasst. Aber ich merkte selbst, dass sie im Laufe der Zeit für mich unerträglich wurden.

Einerseits war ich ein Mensch, der von sich selbst geglaubt hatte, er sei „Hans Dampf in allen Gassen" oder auch derjenige, der mit der Philosophie lebte. „Barfuß oder Lackschuh", wie es einst in einem Song hieß. Nie hätte ich geglaubt, dass ein Mensch dermaßen von Alkohol abhängig werden kann, als wäre es sein Lebenselixier.

Viele Fragen kamen mir in den Sinn, aber zu einer Patentlösung kam ich nicht.

Im Gleichnis war die Rede von „Loslösen" und von „Zusammenhalt". Dies prägte sich mir ein, als wären es Zauberworte.

Wenn ich dem Alkohol entsagen könnte, hätte ich mit meiner Frau wieder eine harmonische Ehe und einen Zusammenhalt. Denn was ich fairnesshalber zugeben musste, war unsere Ehe längst nicht mehr das, was sie einmal war. Diese so wichtige Entscheidung lag wohl allein in meiner Hand. Daher vertröstete ich Jeanette abermals.

Zu Gott habe ich immer wieder gebetet, um seine Gnade und Kraft zu empfangen und ich bat ihn um Verzeihung. Der christliche Glaube brachte mich wieder in die richtigen Bahnen, so dass meine Zuneigung zu unserem Schöpfer und Jesus Christus stärker wurde.

Oft las ich in der Bibel und die Beziehung zu Gott tat mir gut, wie einst in meiner Kindheit.

Zwischendurch konnte ich meine Abhängigkeit drosseln. Ich wäre froh gewesen, wenn ich viel früher meine Augen dafür hätte öffnen können. Weg von dem todbringenden Alkohol! Die Angst, an einer Alkoholvergiftung oder an einer Geisteskrankheit zu sterben, war größer als die Sucht.

Ich besuchte zu jener Zeit oft den Gottesdienst in unserer Pfarrgemeinde und betete zum lieben Gott. Ganz allmählich verspürte ich eine innere Ruhe und einzigartige Lebensfreude.

Meine Motivation war so groß, dass ich für einige Zeit dem Alkohol trotzen konnte. Sie brachte mir auch das Gleichgewicht und den geistigen Beistand von unserem Herrn Jesus Christus zurück.

Auch mein Handeln wurde gelassener. Ich habe wieder angefangen, mich an Gott zu erinnern und das Vertrauen zu ihm neu aufzubauen.

Und doch gab es Zeiten, in denen ich abtrünnig wurde. Immer dann, wenn mich der Übermut packte und ich mir einbildete, es ohne jegliche fremde Hilfe zu schaffen.

Meine depressiven Ängste verschwanden hin und wieder. Obwohl meine Trinkerei schon längst einen chronischen Charakter aufwies, konnte ich meine Abhängigkeit für einige Zeit drosseln. Zu viele Argumente sprachen dafür, dass ich mein Leben durch meine Sucht zerstören würde.

Allerdings kann ich nicht behaupten, dass ich keine Kneipen mehr aufsuchte, aber mein Zwang zu trinken schwächte ab. Bald stellte ich auch eine gesundheitliche Genesung fest. Diese Neuentdeckung gab mir Mut und neue Lebensfreude.

Heute noch bin ich als Christ überzeugt davon, dass der liebe Gott seine schützenden Hände über mich erhoben und mir beigebracht hatte, mit dem Alkohol zu brechen.

Ich war für die Geschehnisse sehr dankbar. In vielerlei Hinsicht kam ich auf den Boden der Tatsachen zurück. Dennoch konnte ich nie ganz abstinent leben.

Heute weiß ich, dass die Anziehungskraft von Alkohol ein wichtiger Bestandteil des Lebens werden kann und dass sehr viel Ehrgeiz und Charakterstärke notwendig sind, um davon loszukommen.

Die 750-Jahrfeier der Stadt Spandau

Der Sommer hatte seine letzten Sonnenstrahlen auf unsere Erde gesandt, als der Herbst mit großen Schritten über das Land zog. Die letzten Sonnenstrahlen hatten aber noch genug Kraft, um unser Tal zu erwärmen und unsere Berge in verschiedenen Farben leuchten zu lassen. Die Tage wurden zwar kürzer, aber dennoch blieben sie mild.

Unsere Narrenzunft wurde von einem auswärtigen Verein zu einer Gruppenwanderung eingeladen. Auch ich wollte mir die Gelegenheit nicht entgehen lassen, da es mir große Freude bereitete, in der freien Natur zu wandern. So konnte ich vom grauen Alltag abschalten und alles hinter mir lassen.

Vier Kameraden fuhren in unserem Auto mit. Gleich nach dem Einsteigen machte ich ihnen klar, dass ich heute keinen Alkohol trinken würde. Denn an das Desaster vor gut einem Jahr, als wir nach Österreich fuhren und ich sturzbetrunken nach Hause kam, konnte ich mich noch allzu gut erinnern.

Alle hatten diesen Hinweis akzeptiert und so brauchte ich auch an diesem Tag keine Angst zu haben, dass mich jemand zum Trinken verführte. Allesamt hatten ein Einsehen.

Für mich wurde es ein sehr schöner Tag. Auch mein Führerschein war mir viel zu wertvoll, als dass ich ihn verlieren wollte. Doch egal, wohin man kam, es wurde Alkohol konsumiert. Viele meiner Bekannten und Freunde konnten sich nicht vorstellen, dass sie selbst schon längst Alkoholprobleme hatten.

Erschwerend kam hinzu, dass es irgendwie zum guten Ton gehörte, in einer gemütlichen Runde ein Glas Wein oder ein Bier zu trinken. Manchmal war es auch ein Notnagel gegen Frust und für die Flucht aus dem Alltag.

Inzwischen waren schon sieben Jahre vergangen, in denen wir im südlichsten Teil des Schwarzwalds wohnten, als wir eines Tages Post aus Berlin erhielten. Jeanettes Eltern hatten uns nach Berlin-Spandau zur 750-Jahrfeier eingeladen. Spandau wurde im Jahre 1197 erstmals urkundlich erwähnt und somit war dieser Stadtteil um einige Jahre älter als Berlin selbst.

Meine Frau war Feuer und Flamme und freute sich sehr darauf. In den kommenden Tagen gab es kein anderes Thema mehr für sie.

In ihren Worten war das Heimweh deutlich zu hören. Sie hing immer noch sehr an ihren Eltern und auch an der Stadt.

Es vergingen einige Tage bis Jeanette die Zustimmung für den Urlaub von ihrem Arbeitgeber bekam. Meinen

Chef fragte ich gar nicht erst. Ich war mir sicher, dass er mir im Moment die freien Tage nicht genehmigen würde.

So machte sich meine Frau alleine auf den Weg nach Berlin. Bevor ich zur Arbeit aufbrach, begleitete ich sie zum Bahnhof. Ich versprach ihr hoch und heilig, dass ich mich anständig benehmen und mich vom Alkohol zurückhalten würde. Jeanettes Zugfahrt war lang und beschwerlich. Sie musste mehrmals umsteigen. Von der Bequemlichkeit der heutigen ICE-Züge war diese Reise weit entfernt.

Die ersten Tage ohne meine Frau kamen mir sehr öde vor. Wenn ich von der Arbeit nach Hause kam, musste ich mir mein Essen alleine kochen. Von jeher war ich kein besonderer Kochkünstler und so gab es meist Bratkartoffeln mit Speck oder Spiegelei, manchmal auch ein Schnellgericht aus der Dose. Was sollte ich mir auch für ein großes Menü zubereiten? Hauptsache war, ich musste nicht hungern. Und da war auch noch der plagende Abwasch im Anschluss. Lieber sah ich fern. Und zum Glück gab es ja auch Restaurants.

In meiner Hilflosigkeit rief ich jeden Tag in Berlin an und holte mir Ratschläge von meiner Frau ein. Ich war nie ein Mensch, der allein sein konnte. Zu allem Übel hatte sich auch unsere Schäferhündin Bessy vor einigen Monaten in den „Hundehimmel" verabschiedet. Das Andenken und die Trauer waren noch groß. Ich vermisste Bessy sehr, hatte sie uns doch 14 lange Jahre die Treue gehalten.

Einige Male kam es vor, dass ich nach der Arbeit direkt in mein Stammlokal abbog. Ich trank immer nur ein großes Bier und ging anschließend gleich nach Hause. Meine innere Stimme sagte mir zuverlässig, dass es Zeit wurde. Ich wollte das Versprechen, das ich meiner Frau gegeben hatte, unbedingt einhalten.

Als Jeanette nach Hause kam, war ich sehr glücklich. Ich empfing sie am Bahnhof. Der Zug hatte eine Stunde Verspätung. Es kam mir wie eine Ewigkeit vor, bis ich sie wieder in die Arme schließen konnte.

Schon während der Heimfahrt im Auto sprach meine Frau von nichts anderem als von Berlin.

Sie schwärmte vom Bezirk Spandau und von der Altstadt, die in neuem Glanz erstrahlte. Vieles wurde restauriert und umgebaut. Auch die 750-Jahrfeier wäre ein großes Ereignis gewesen, das mit einem wundervollen Feuerwerk endete. Immer wieder erzählte sie davon, so dass ich mir vorkam, als wäre ich dabei gewesen.

Wochenlang schwärmte sie davon, bis eines Abends die große Sehnsucht durchbrach. Meine Frau wollte zurück nach Berlin.

Mit großer Verblüffung starrte ich sie an. Ich wollte

kaum glauben, was ich da eben gehört hatte. Der Schreck schoss mir durch Mark und Bein und ich wusste nicht, was ich antworten sollte. Der Gedanke, meine geliebte Heimat zu verlassen, machte mir Angst. Wir hatten die Anerkennung der Dorfgemeinschaft und der Vereine, in denen ich Mitglied war. Tage und Wochen grübelte ich nach und kam auf keinen grünen Nenner. Ich sprach weder mit Arbeitskollegen noch mit meinen Vereinskameraden darüber. Ich wollte die Angelegenheit einfach verdrängen.

Oft telefonierte Jeanette mit ihren Eltern. Wie es denn wäre, wenn wir wieder in ihre Nähe ziehen würden, erkundigte sie sich. Verzweiflung kam in mir auf. Konnte ich meine Frau noch umstimmen? Konnte ich ihr die Idee ausreden?

Doch ich wusste nicht wie!

Wieder gab es Meinungsverschiedenheiten und Streit. Ich wollte den Vorschlag meiner Frau, nach Berlin zurückzukehren, einfach nicht hinnehmen. Die lange Trinkpause, die ich mir erkämpft hatte, löste sich zusehends in Luft auf. Das Verlangen nach Alkohol kehrte zurück und steigerte sich. Ich trank wieder mehr, als gut für mich war. Ich tappte erneut in die Falle hinein, aus der ich mich eigentlich befreien wollte. Eines Abends, als ich frühzeitig von der Arbeit nach

Hause kam, saßen wir gemeinsam im Wohnzimmer und diskutierten über die Vor- und Nachteile eines Umzugs - bis spät in die Nacht hinein. Zu einem endgültigen Ergebnis kamen wir nicht.

Viel zu sehr hing ich an den Werten, die mit diesem Ort verbunden waren.

Ein neuer Anfang

Wieder vergingen Tage und Wochen, in denen mich meine Sorgen übermannten und das viele Grübeln mir schlaflose Nächte bereitete. Doch so, wie es aussah, ließ sich meine Frau nicht mehr von ihrem Vorhaben abbringen. Wie ich nebenbei mitbekam, suchte ihr Vater schon nach einer Wohnung in Spandau für uns. In dieser Zeit ging es mir nicht gut, denn ich machte mir Selbstvorwürfe. Hatte ich etwas falsch gemacht? War der Rückzug nach Berlin Jeanettes Antwort auf meine Sauferei? Wollte sie lieber zurück zu ihren Eltern als mit mir alleine hier zu bleiben?

Mein Gefühl sagte mir, dass ich ein umsichtiges und diplomatisches Verhalten an den Tag legen sollte. Auf keinen Fall durfte ich meine Frau vor den Kopf stoßen. Ich wollte sie nicht verlieren. Ich war mir bewusst, dass eine Trennung mir den Rest geben würde.

Nach kontroversen Diskussionen, am Ende meiner Kraft und mit dem Gefühl, mich in einer Sackgasse zu befinden, gab ich nach. Ich ließ mich von meiner Frau umstimmen und zeigte mich mit dem Umzug nach Berlin einverstanden.

Kurz danach fand die Jahreshauptversammlung der Narrenzunft statt, auf der ich den Verzicht auf meine

Mitgliedschaft ankündigte. Die Nachricht ging in Windeseile durch die ganze Gemeinde. Ein anwesender Zeitungsreporter tat sein Übriges. Er informierte in der Lokalpresse über den Sitzungsverlauf und erwähnte auch meinen Entschluss, den Schwarzwald zu verlassen. Von allen Seiten wurde ich nun angesprochen. Schweren Herzens musste ich die Aussage bestätigen. Ja, meine Frau und ich wollten zurück nach Berlin. Am darauffolgenden Tag fragte mich auch mein Chef auf der Baustelle danach. Ob ich denn die Firma wirklich verlassen möchte, er hätte es in der Zeitung gelesen. Gleich stellte er mir ein höheres Gehalt in Aussicht. Und er bot mir an, mir bei den Scheidungskosten finanziell zu helfen, wenn ich mich trennen würde. Das ging mir dann doch zu weit. Auch beim Roten Kreuz musste ich meine Mitgliedschaft kündigen. Ich blickte auf eine langjährige Vereinstätigkeit zurück. Freundschaften hatten sich entwickelt, die ich nicht missen wollte. Dies alles aufzugeben, fiel mir doch maßlos schwer. Meine Frau und ich mussten auch neue Arbeitsstellen in Berlin finden. Von nun an klingelte das Telefon fast täglich, um Termine zu vereinbaren und Dinge zu organisieren. Bald hatten sich viele Fragen in Wohlgefallen aufgelöst.

Jeanette bekam von einem seriösen, privaten Alten-pflegeheim im Bezirk Grunewald eine positive Antwort. Zur gleichen Zeit hatte ihr Vater auch eine passende Wohnung für uns gefunden. Sie lag in derselben Straße, in der auch meine Schwiegereltern wohnten. Nun rückte der Umzugstermin unaufhaltsam näher. Der Gedanke, dass ich den schönen Südschwarzwald verlassen sollte, bereitete mir immer wieder große Kopfschmerzen. Doch nun gab es kein Zurück mehr und die Termine überschlugen sich.

Ich wollte jedoch nicht gehen, ohne allen meinen Freunden Lebewohl zu sagen. Daher plante ich eine kleine Abschiedsfeier mit meinen Vereinskameraden. Es war ein Abschied, der mich sehr stolz machte, ja sogar verlegen. Denn von der Narrenzunft bekam ich eine Urkunde und den großen Narrenorden für mein Engagement. Außerdem wurde ich zum Ehrenmitglied ernannt. Auch das Deutsche Rote Kreuz verlieh mir für meine treuen Dienste eine Auszeichnung und gab mir ein Begleitschreiben mit, das mich beim DRK Berlin empfahl.

Wir hatten eine Berliner Möbelspedition beauftragt, unser gesamtes Hab und Gut aus dem südlichsten Teil Deutschlands abzuholen. Fast auf den Tag genau, an dem wir vor acht Jahren im Schwarzwald ankamen, zogen wir zurück nach Berlin. Wir kehrten zurück in die

Stadt, in der meine Alkoholikerkarriere begonnen hatte. Bei diesem Gedanken überkam mich eine innere Unruhe.

Gleich in der ersten Nacht, als wir mit unserem Auto in Berlin ankamen, war der Möbeltransportwagen noch nicht da. Er war unterwegs mit einer Panne liegen geblieben. So mussten wir die erste Nacht in der neuen Wohnung auf dem Fußboden verbringen. Es war ein unruhiger Schlaf und ich dachte bei mir: "Das fängt ja gut an."

Konnte ich nach all den Jahren, die wir aus Berlin weg waren, hier wieder Fuß fassen? Konnte ich mich in dieser Großstadt ebenso glücklich und geborgen fühlen wie in Süddeutschland? Konnte ich nach der Zeit im Schwarzwald eine Großstadt wie Berlin wieder ertragen? All diese Fragen bewegten mich sehr und Tränen liefen mir über die Wangen.

In den ersten Tagen kam mein Schwiegervater mit strahlendem Gesicht zu uns und berichtete, dass er eine Arbeitsstelle für mich gefunden habe. Er hätte mit seinem Chef gesprochen, der einen versierten Kraftfahrer suchte. Somit begann ich in der Firma, in der er schon 25 Jahre arbeitete.

Und so nahm alles seinen Lauf.

Der Auftrag

Am Folgetag konnten die drei kräftigen Männer der Spedition die Möbel endlich in unsere Wohnung in der vierten Etage bringen und die Schränke aufstellen. Jeanettes Eltern hatten die Wohnung bereits renovieren lassen. Sie wollten unbedingt, dass wir uns hier wohlfühlten.

Unser neues Heim befand sich in einem Wohnhaus, das sowohl einen Friseursalon als auch eine Arztpraxis beherbergte - und eine Eckkneipe. So blieb mir wenigstens, wenn ich Durst bekam, ein langer Weg erspart. Und wenn ich mit Schlagseite nach Hause kehrte, könnte ich auf dem kurzen Stück auch kaum Aufsehen erregen. So tröstete ich mich.

In unserem Haus waren zahlreiche Mietparteien untergebracht. Alle waren sehr nett.

Einige Tage waren nun schon nach unserem Einzug vergangen. Die ersten Eindrücke gaukelten mir vor, ich wäre in einer anderen Welt gelandet. Und doch war alles vertraut. Es war wie vor Jahren, wie in früheren Zeiten. Da war wieder die nervende Großstadthektik, die uns einholte, breite Straßen, ein Häuserblock neben dem anderen und sehr viele Geschäfte und Restaurants. Die Geräuschkulisse war eine ganz andere als im Schwarzwald. Und doch konnten wir uns schnell wieder eingewöhnen.

Ich war meinen Schwiegereltern sehr dankbar für ihre Unterstützung. Aus dieser Dankbarkeit heraus versuchte ich, mich viel mit ihnen zu beschäftigen. Die damalige Geschichte, als ich vor gut einem Jahr zur Trauung in der Kirche kaum stehen konnte, wurde von ihnen zu keiner Zeit mehr erwähnt. Sie schien, vergessen zu sein. Mir war das sehr recht.

Als ich bei meinem zukünftigen Chef vorstellig wurde, fasste ich neuen Lebensmut. Ich saß ihm am Schreibtisch gegenüber. In seinem sehr modernen Büro legte ich ihm meine Bewerbung, Zeugnisse sowie meine Referenzen vor.

Das alles schien, ihm zu gefallen. Er bot mir einen Stundenlohn an, der den übertraf, den ich zuvor im Schwarzwald bekommen hatte. Ich freute mich darüber und war glücklich. Das erste Mal nach dem Umzug überlegte ich, ob ich vielleicht doch die richtige Entscheidung getroffen hatte.

Gleichzeitig verspürte ich jedoch auch die konsequente und autoritäre Art meines Chefs. Er erklärte mir, dass er hohe Ansprüche an seine Mitarbeiter stellte und ein hohes Leistungsniveau abverlangte. Seine Auftragsbücher seien gefüllt und meine Aufgaben hätte ich zu seiner Zufriedenheit zu erfüllen.

Das Bewerbungsgespräch dauerte eine gute Stunde und mir wurde bewusst, dass ich eine andere Arbeitsweise als im Schwarzwald zu erwarten hatte. Ich wurde als LKW-Fahrer und Baumaschinist eingestellt. Diese Doppelfunktion war damals in der Baubranche bei kleineren Firmen üblich.

Die Firma war ein Tiefbauunternehmen und hatte gut 20 Mitarbeiter. Einige von ihnen hatten eine hohe Qualifikation und jahrzehntelange Berufserfahrung. Ich war froh, dass ich in meinem bisherigen Job meine Kenntnisse über Maschinen und Motoren erweitert und diese auch angewendet hatte.

Denn wie sich herausstellte, musste ich mit großen Baumaschinen umgehen. Mit Baggern und mit einem Radlader musste ich fahren und allerlei Spezialbaugeräte von einer Baustelle zur anderen mit dem LKW transportieren. Meist waren es schwere Pumpen, die zur Grundwasserabsenkung benötigt wurden.

Auf dem Firmenareal befand sich ein Nebengebäude, in dem eine Bauschlosserei untergebracht war. Ein Mitarbeiter war für die Reparaturen der Maschinen verantwortlich.

Sporadisch arbeitete ich in der Werkstatt mit, wenn keine Tätigkeiten auf der Baustelle anlagen. Ich führte Wartungsarbeiten an den Fahrzeugen durch.

Zu dieser Zeit fühlte ich mich ausgeglichen und zufrieden, um nicht zu sagen: Ich strotzte vor Willenskraft. Die neuen Arbeitskollegen empfingen mich freundlich. Wie ich bemerkte, hatten einige von ihnen auch ein Alkoholproblem. Sie griffen schon in der Frühstückspause zur Bierflasche und danach hörten ihre Hände auf zu zittern.

Ich wollte nur einen guten Job machen - mit meiner Energie und nach meinem besten Wissen und Gewissen. Doch die Angst war da, ich könnte einen Rückfall erleiden. Für eine gewisse Zeit gelang es mir, meine Alkoholprobleme ein wenig einzudämmen.

Die neuen Arbeitsaufgaben waren vielseitig. Sie machten mir großen Spaß und hatten eine neue Lebensfreude in mir ausgelöst. Dennoch verlangten sie eine hohe Konzentration und eine korrekte Ausführung. Daher wurde Alkohol zur Nebensache. Hin und wieder trank ich ein oder auch zwei Glas Bier und konnte danach aufhören. Ich war alkoholabhängig, aber erstmals hatte ich das Gefühl, mein Wille und mein Ego waren stärker als diese Krankheit.

Unser Chef, der Ingenieur war und mehrere Jahre im Brückenbau arbeitete, wusste bestens Bescheid und konnte die Arbeitsabläufe vor Ort sehr gut organisieren. Ich bewunderte seine Fähigkeiten.

Irgendwann bekam ich einen neuen LKW mit über 200 PS. Er war mit einem Sonderaufbau ausgestattet, der es ermöglichte, einen Selbstladevorgang vom Boden-aushub zu verrichten und schwere Lasten anzuheben und auf der Ladefläche abzusetzen. Es bedurfte nur weniger Handgriffe. Oft saß ich stundenlang auf dem Selbstladegerät oder auf einem Bagger und meine Glieder begannen zu schmerzen. Die Bewegung fehlte mir. Unsere Firma hatte verschiedene Baustellen. So war kaum Zeit zum Verschnaufen und Ausruhen. Ohne Frage, für mich war dieser Job Knochenarbeit.

Nach einigen Monaten verschlimmerten sich meine Beschwerden. Daraufhin ging ich nach Feierabend in die Eckkneipe unseres Wohnblocks und zischte ein paar Bier. Ich ertränkte meine Schmerzen. Es half mir, sie zu lindern und nicht mehr an sie zu denken. Dabei vergaß ich jedoch leider, was ich mir versprochen hatte.

Auch wenn ich mir immer wieder aufs Neue vornahm, mit dem Trinken aufzuhören, es gelang mir einfach nicht. Wieder und wieder zehrten Einflüsse an mir. Waren es Gefühle, unter Druck zu stehen, Ängste oder Schmerzen. Irgendetwas gab es immer, das mich aus dem Gleichgewicht brachte.

So endete, was eigentlich sehr schön und euphorisch begann, nach Jahren in einem Desaster.

Als die Berliner Mauer fiel

Nach einigen Monaten wurde es sehr hektisch in der Firma und der Stress übertrug sich auf die Mitarbeiter. Es herrschte ein rauer Ton. Manchmal fühlte ich mich überfordert und sehnte mich nach meinem alten Arbeitstrott im Schwarzwald zurück.

Nun kam die Öffnung der Berliner Mauer hinzu. An diesem Tag sollte sich die ganze Welt verändern. Ab dem 9. November 1989 gehörte die Berliner Mauer der Vergangenheit an.

Die DDR-Bürger hatten selbstbewusst und couragiert für ihre Freiheit und gegen Menschenrechtsverletzungen demonstriert. Nur einige durften damals ins kapitalistische Ausland reisen oder sie flüchteten und riskierten dabei ihr Leben. In den vergangenen Jahren wurden viele von ihnen an der Grenze auf der Flucht erschossen.

Mit Hilfe namhafter Politiker hatten die Menschen es geschafft, dass Ost und West zusammenwuchs. Die DDR-Regierung, das SED-Führungsregime, brach wie ein Kartenhaus zusammen.

Als die Berliner Mauer geöffnet wurde, begann eine regelrechte Völkerwanderung. Die DDR-Bürger jubelten zu Tausenden auf den Straßen. „Wir sind das Volk! Wir sind das Volk!", riefen sie. Die Menschen strömten vom Ostteil in den Westteil der Stadt und umgekehrt. Es bildeten sich kilometerlange Autokorsos. Der übliche Straßenverkehr kam in ganz Westberlin zum Erliegen. Wildfremde Menschen fielen sich an der deutsch-deutschen Grenze in die Arme und weinten vor Glück.

An jenem Tag war ich mit meinem LKW unterwegs. Ich hatte eine Fuhre Bauholz geladen und sollte sie auf eine Baustelle bringen. Die Straßen waren so verstopft, dass mich die 60-Minuten-Strecke von Kreuzberg nach Spandau über vier Stunden kostete. Zähneknirschend nahm ich diese Gegebenheit in Kauf, denn ich freute mich ja selbst über den Mauerfall.

Nach einigen Wochen standen die ersten Bauleute aus der ehemaligen DDR vor dem Büro unserer Geschäftsleitung, um sich bei uns zu bewerben. Sie waren bereit, einen wesentlich geringeren Lohn zu akzeptieren. Das sorgte bei uns für Unruhe. Unser Betriebsklima war dahin. Wir hatten Angst, dass auch unsere Löhne gekürzt werden oder wir den Job verlieren könnten.

Der Betriebsrat unserer Firma hatte bereits entsprechend vorgesorgt und konnte den Gerüchten entgegenwirken. Bald kehrte wieder Ruhe unter den Kollegen ein.

Nach einigen Monaten erhielt unsere Firma auch Bauaufträge im ehemaligen Osten. Eines Tages ordnete unsere Geschäftsleitung eine Firmenbesprechung nach Feierabend an. Wir wurden informiert, dass eine Großbaustelle in Oderberg eingerichtet werden sollte. Ich bekam die Order, dies in eigener Verantwortung umzusetzen. Die Entfernung von Berlin betrug etwa 100 Kilometer.

Ich stellte mir alle notwendigen Informationen zusammen, um die Baustelle zu planen. Mit schweren Gerätschaften und Baumaterial ging es in den darauffolgenden Tagen nach Oderberg. In einem Hotel vor Ort mieteten wir uns ein, um den täglichen Heimweg zu sparen. Zusätzlich bekamen wir eine Sonderzahlung, die sich am Monatsende in unseren Portemonnaies bemerkbar machte.

Als die Baustelle eingerichtet war, kam die Bevölkerung aus Oderberg zu uns. Sie war neugierig zu sehen, was eine West-Firma besser machen könnte als ihre eigenen Bauleute aus der ehemaligen DDR. Einige von ihnen standen dem Bauprojekt daher auch sehr kritisch gegenüber.

Das war verständlich, denn unsere Arbeit bedeutete für die Leute vor Ort wieder einen Auftrag weniger.

Unser Bauprojekt beinhaltete die Neuinstallation des Versorgungsnetzes für Frisch- und Abwasser in der gesamten Ortschaft. Es war sehr aufwendig und nach unserer Bestandsaufnahme auch dringend notwendig.

Meine Aufgaben bestanden darin, die Zulieferungen von Baumaterialien reibungslos über die Bühne zu bringen. Außerdem musste ich mit einem schweren Bagger tiefe Erdaushebungen vornehmen, in denen dann die Wasserhochdruckrohre verlegt wurden.

Dieser Sommer war heiß und in der Mittagszeit brannte die Sonne unerbittlich vom Himmel. Jeder von uns sehnte sich nach einer Abkühlung. Eine kalte Dusche war in dieser Zeit eine reine Wohltat.

Bevor wir am Feierabend nach der schweren Arbeit in unser Hotel gingen, kehrten wir in das Gasthaus ein, nicht nur um zu essen.

Bei Bier und Wodka debattierten wir am Stammtisch. Wir hatten den Eindruck, dass wir in Oderberg nicht sehr willkommen waren und so sahen wir den Wochenenden entgegen, die wir bei unseren Familien in Westberlin verbringen konnten.

Erst nach Wochen beruhigte sich die Situation und es schien, Ruhe unter der Bevölkerung einzukehren. Vielleicht hatten sie sich einfach mit uns abgefunden. Vielleicht sahen sie auch ein, dass unsere hochwertige Technik gegenüber den veralteten Gerätschaften der DDR klare Vorteile aufwies. Einige ihrer Maschinen hatten gut und gerne über 30 Jahre auf dem Buckel und konnten in diesem Bauvorhaben nur wenig ausrichten.

Inzwischen waren einige Monate vergangen, als ich plötzlich an einer Sommergrippe erkrankte und mit hohem Fieber und Gliederschmerzen das Bett für gute 14 Tage hüten musste.

In dieser Zeit änderte sich in der Firma Einiges!

Unsere Geschäftsleitung stellte einen neuen Mitarbeiter ein, der aus Oberberg kam. Der junge Mann, der eine Fahrerlaubnis für LKW besaß, aber keine Erfahrungen mit Großbaustellen hatte, arbeitete für einen Dumpinglohn, der unseren Tarif weit unterschritt.

Als ich genesen war und meine Arbeit wieder aufnehmen konnte, machte mir mein Personalchef große Vorwürfe. Er drohte mir sogar, dass er mir am liebsten kündigen würde. Er ließ mich deutlich spüren, dass ich zu teuer für die Firma geworden war. Durch meine Krankheit hätte die Firma viel Geld verloren, da der Terminplan nicht eingehalten werden konnte.

An diesem Tag verließ ich das Büro unter Tränen und bekam Angst, meinen Arbeitsplatz zu verlieren. So stattete ich meiner Stammkneipe einen Besuch ab und schüttete einige Biere in mich hinein. Als ich die Haustüre zu fortgeschrittener Stunde öffnete, sah meine Frau mir sofort an, dass ich betrunken war. Ohne einen Bissen zu essen, legte ich mich gleich ins Bett.

Am nächsten Tag stand ich mit einem schweren Kopf

auf. Am liebsten wäre ich liegen geblieben. Aber ich wollte mir keine Blöße geben.

An diesem Morgen war meine erste Amtshandlung nach Betreten der Firma, ein Betriebsratsmitglied aufzusuchen und ihm die Geschehnisse des Vortages zu schildern.

In diesem Gespräch sagte er mir, dass ich keine Angst haben bräuchte um meinen Job. Die Firmenleitung habe wegen der Großbaustelle in Oderberg einige Differenzen mit dem Auftraggeber. Es ging dabei um die Planung. Er ginge davon aus, dass die Unstimmigkeiten schnell beigelegt werden könnten.

In den darauffolgenden Monaten blieb ich auf den Baustellen in Berlin. Der Einsatz in Oderberg schien für mich beendet zu sein. Das war mir auch sehr recht. Denn ich war es leid, jeden Abend mit den Arbeitskollegen in der Kneipe zu lamentieren. Zwar ging mir die Sonderzahlung verloren, aber das war für mich nicht so wichtig. Was wirklich zählte, war, dass ich jeden Abend zu Hause bei meiner Frau sein konnte.

Vom Pech verfolgt

Meinen Job machte ich weiter wie bisher und so gut, wie es nur ging - aber meistens unter Schmerzen. Doch ich ließ mir nichts anmerken. Ich wollte nicht noch einmal unangenehm auffallen. Mir saß die Angst im Nacken, den Job doch noch zu verlieren.

Der Rücken und die Hüftgelenke taten mir abends nach der Arbeit so sehr weh, dass ich nachts kaum schlafen konnte. Dennoch wollte ich durchhalten. So kam mir nach Feierabend das frisch gezapfte Bier in der Kneipe, das ich fast täglich trank, gerade recht.

Nie hätte ich während der Arbeitszeit zur Flasche gegriffen, denn ich hatte mir immer geschworen, erst ab einer bestimmten Zeit zu trinken. Doch schon in der Mittagspause freute ich mich auf das Feierabendbier.

Immer öfter bekam ich bereits nach der Mittagszeit feuchte Hände und Augenzucken, was auf die Entzugserscheinungen hindeutete.

Häufiger dachte ich an Alkohol und im selben Augenblick erfassten mich Schuldgefühle und Minderwertigkeitskomplexe.

Wieder nahm ich mir vor, endlich professionelle Hilfe in Anspruch zu nehmen. Aber woher und wie? Meine

Frau Jeanette wusste auch schon keinen Rat mehr und kam sich hilflos vor. Wenn ich abends in der Kneipe saß, vergaß ich all die Sorgen, die mich täglich plagten. Aber Anspielungen und Gespräche, die mein regelmäßiges Trinken thematisiert hätten, verbat ich mir. Nie und nimmer hätte ich mir den Vorwurf, Alkoholiker zu sein, öffentlich eingestanden. Eher hätte ich mein gutes Benehmen vergessen und wäre aggressiv geworden. So sehr waren meine Gedanken verblendet.

In Wirklichkeit wusste ich schon lange, dass es nicht in Ordnung war, was ich tat. Aber dem Alkohol gegenüber war ich machtlos und ihm ausgeliefert.

Eines Tages kam es bei einem Auftrag von meinem Chef fast zur Katastrophe. Ich sollte lediglich die Inventur aufnehmen und Lagerarbeiten durchführen. Mein Restalkoholpegel vom Vorabend war noch erheblich.

Am späten Nachmittag, es war fast Feierabend, klingelte das Telefon in der Werkstatt. Mein Chef rief an. Er klang sehr aufgeregt und forderte, sofort eine Fuhre Bauholz aufzuladen und auf die Baustelle zu bringen. Eine tiefe Baugrube drohte, wegen eines Wasserrohrbruchs zusammenzufallen.

Mit dem Hecklader lud ich einige Kubikmeter Bauholz auf den LKW. Das ging auch sehr schnell. Aber das Fahren auf der Stadtautobahn bereitete mir Kopfzerbrechen. Schweißperlen traten mir auf die Stirn und meine Unsicherheit beim Fahren war deutlich zu spüren. Angst übermannte mich, die ich versuchte zu vertreiben. Ich hatte Schwierigkeiten, mich auf den Verkehr zu konzentrieren. In diesem Zustand fuhr ich den langen Weg zur Baustelle.

Ich war heilfroh, dass ich dort unbeschadet ankam und keinen Unfall verursacht hatte. Denn das hätte mich bestimmt meinen Arbeitsplatz gekostet. Mein Verhalten hatte bereits seine Kreise gezogen. Als ich am darauffolgenden Tag zur Arbeit kam, sprach mich ein leitender Angestellter, der auch auf der Baustelle zugegen war, direkt auf meine Bierfahne vom Vortag an.

Zum Glück hatte er eine höchst kollegiale Einstellung den Mitarbeitern gegenüber, so dass unser Chef davon nichts erfuhr.

Das sollte mir eigentlich eine Lehre sein! Auf mein Feierabendbier wollte ich dennoch nicht verzichten.

Als ich abends nach Hause kam, erzählte ich meiner Frau die Geschichte. Doch sie schüttelte nur den Kopf. Und es fühlte sich an, als hätte sie das Interesse an mir verloren. Wegen meiner Trinkerei und weil ich selbst raubeiniger geworden war. Schon in der Vergangenheit hatte ich manchmal dieses Gefühl gehabt. Wie oft hatte Jeanette mich angefleht, ich sollte mit der Sauferei aufhören. Aber ihre Aufforderung traf einfach nur auf taube Ohren.

Inzwischen hatte mein Schwiegervater die Firma verlassen. Er konnte seinen verdienten Ruhestand antreten. Ich beneidete ihn sehr darum, dass er einfach alles hinter sich lassen konnte.

In meiner Haut fühlte ich mich nun unbehaglich. Denn mit ihm verlor ich in der Firma einen guten Freund, auf den ich mich verlassen konnte und der immer bereit war, ein gutes Wort für mich einzulegen. Meine Angst wuchs. An wen sollte ich mich wenden, um wieder einen Halt zu finden? Obwohl ich ein gutes Einvernehmen mit meinen Kollegen hatte, war es doch nicht dasselbe, als wäre mein Schwiegervater noch an meiner Seite.

Eines Tages hatte unsere Firma in der Ortschaft Kladow eine kleinere Baustelle.

Mit meinem Hecklader musste ich den ganzen Tag eine Erdgrube für die Reparatur eines Wasserrohres ausheben. Die Baugrube wurde anschließend mit Holz stabilisiert. Die Arbeit war sehr schwer, da die Holzbauteile ein erhebliches Gewicht aufwiesen.

Zum Feierabend war ich fix und fertig. Doch nun musste ich mit dem übrigen Bauholz zu unserem Lagerplatz der Firma zurückkehren, um es abzuladen.

Auf dem Weg musste ich einen großen Kreisverkehr passieren. Ich ordnete mich vorschriftsmäßig ein. Zuvor überzeugte ich mich im Spiegel davon, dass sich kein anderes Fahrzeug neben mir befand. Dann setzte ich den Blinker.

Als ich den Kreisverkehr verlassen wollte, hörte ich plötzlich ein dumpfes Schleifen. Sofort bremste ich. Mit dem Vorderrad meines LKW hatte ich ein kleines Auto touchiert, das ich bedingt durch den toten Winkel im Spiegel nicht sehen konnte.

Ich verließ mein Fahrzeug und erkundigte mich bei den Insassen des PKW, ob jemand verletzt wäre. Zum Glück war das nicht der Fall.

Ein junger Mann stieg aus und beschuldigte mich, alkoholisiert gefahren zu sein. Ich war mir aber sicher, dass es nicht so war. Denn ich hatte heute noch keinen Alkohol zu mir genommen. Diesen Ehrenkodex hatte ich mir doch selbst auferlegt.

Beim Eintreffen der Polizei wiederholte der Mann seine Anschuldigung. Der Polizist fragte mich freundlich, aber bestimmt, ob ich mit einem Alkoholtest einverstanden wäre. Ich stimmte sofort zu. Der Test war negativ.

Die Polizei nahm das Unfallgeschehen auf und erklärte, dass die Problematik des toten Winkels oft zu Unfällen dieser Art führt. Für mich jedoch war es die Bestätigung, dass mich das Pech verfolgte.

Wenig später bekam meine Frau per Einschreiben ihre

Kündigung vom Altenpflegeheim. Es wurde geschlossen, weil die Inhaberin die Institution aus Altersgründen aufgab. Meine Frau wurde arbeitslos.

Der Prozess

Fast zur gleichen Zeit lud uns unsere Firmenleitung zu einer Betriebsversammlung ein. Wir wurden informiert, dass es aufgrund der schlechten Auftragslage zu Lohnkürzungen kommen würde. Der Betriebsrat hatte bereits zugestimmt.

Unmut machte sich breit. Alle schwiegen sich aus, sie murrten zwar, aber dabei blieb es auch. Laute Proteste gab es nicht. Die Geschäftsführung beschwichtigte. Sie versprach bei deutlich verbesserter Auftragslage die Nachzahlung des einbehaltenen Lohnes.

Für mich bedeutete die Kürzung einen Fehlbetrag von 200 DM monatlich. Ich war der Verzweiflung nahe.

Jeanette war noch arbeitslos und unser Geld reichte nicht aus, um unsere recht hohe Miete und die sonstigen Verpflichtungen zu begleichen.

Zudem zog der Verdacht einer verschleppten Insolvenz seine Kreise in der Belegschaft. Und ich verlor mein Vertrauen zur Firmenleitung und war emotional am Boden. Ich konnte diese Lohnkürzung nicht hinnehmen.

Als ich eines Abends von der Baustelle zurück zur Firma kam, sprach ich mit dem Betriebsratsvorsitzenden und bat ihn, er möge mich zu einem gemeinsamen

Gespräch mit der Firmenleitung begleiten. Denn ich konnte die Lohnkürzung nur schmerzlich verkraften. Er versprach mir, sich um einen Termin zu bemühen.

Doch das vereinbarte Gespräch musste ich dann doch alleine wahrnehmen, da der Betriebsratsvorsitzende nicht erschien. Er war zeitgleich zu einer Baustelle abberufen worden. So trat ich ohne Zeugen und ohne Unterstützung vor meinen Chef. Ich nahm all meinen Mut zusammen und bat ihn darum, eine Ausnahme für mich zu machen.

Wie damals - bei der Einstellung vor einigen Jahren - saß ich ihm gegenüber. Ruhig und besonnen erklärte ich ihm meine Lage. Doch er lachte mir nur höhnisch ins Gesicht und zeigte keinerlei Verständnis für meine Situation.

Wutentbrannt und enttäuscht verließ ich das Büro. Meinen Frust spülte ich mit einigen Bieren in meiner Stammkneipe herunter.

Am darauffolgenden Tag blieb ich der Arbeit fern. Stattdessen ging ich zum Arbeitsgericht und brachte meine Klage und Aussage zu Protokoll. Gleich danach suchte ich mit meinem Schwiegervater einen Rechtsanwalt auf. Auch ihm schilderte ich mein Anliegen.

Nach nur einer Woche kam ein Schreiben vom Arbeitsgericht. Auch von meinem Anwalt erhielt ich Post. Beiden Schreiben konnte ich entnehmen, dass die Klage erhoben und meine Firma davon in Kenntnis gesetzt wurde.

Schnell sprach sich im Kollegenkreis herum, dass ich gegen meinen Arbeitgeber gerichtlich vorging. Auch die Arbeiter auf den entfernteren Baustellen bekamen es zu hören.

Von diesem Tage an veränderte sich zwischen meinem Chef und mir Alles. Ich war zu einem Rebell unter den Arbeitskollegen geworden.

Einige von ihnen stellten sich auf meine Seite. Viele bewunderten meinen Mut.

Ich kam mir aber selbst doch elend vor. Gerne hätte ich eine andere Lösung angestrebt und auf die Klage verzichtet.

Meine Ängstlichkeit machte sich bei der Arbeit bemerkbar. Ich hoffte, dass mir kein Fehler unterlief und keine weiteren Unannehmlichkeiten auf mich zukamen. Ich setzte mich selbst dadurch unter Druck.

Auch wenn ich nicht trinken wollte, saß ich doch nach Feierabend wieder und wieder in meiner Kneipe. Das erste Bier schüttete ich oft hastig in mich hinein. Das zweite erst konnte ich genießen. Zusätzlich besorgte ich mir ein paar Flaschen aus dem Getränkemarkt, die ich dann gemütlich beim Fernsehen zu Hause trank.

Nie zuvor in meinem Leben kam ich mir so hilflos vor wie in dieser Zeit.

Lustlosigkeit veränderte auch meinen Lebensstil. Zu oft gebrauchte ich Jeanette gegenüber Ausreden, um mich am Wochenende in mein Stammlokal abzusetzen.

Erstmals verspürte ich durch meine Trinkerei auch einen moralischen Abbau an mir selbst. Wenn ich in den Spiegel blickte, sah ich einen Alkoholiker! Meine Interessen von früher waren Schnee von gestern. Ich hatte sie einfach vergessen. Noch konnte ich Kraft aufbringen, privaten Dingen nachzugehen. Auch die Trinkpausen, die ich mir immer wieder selbst auferlegt hatte, verkürzten sich zusehends. Ich begann, oft heimlich in einer stillen Ecke zu trinken.

Nach gut anderthalb Monaten stand mein Gerichtstermin an. Nun würde es sich zeigen, ob ich mit meiner Restlohnforderung Erfolg haben würde.

Es war ein trüber Aprilmorgen, als ich das Arbeitsgericht betrat. Mein Rechtsanwalt setzte sich sehr überzeugend für meine Interessen ein. Auch die Vorsitzende Richterin stand am Ende der Verhandlung auf meiner Seite. Sie gab mir Recht.

Die Geschäftsleitung der Firma hatte mir den einbehaltenen Lohn auszuzahlen. Immerhin belief sich die Summe mittlerweile auf 1.000 DM.

Einige Kollegen freuten sich mit mir. Sie hatten teilweise selbst eigene Klagen angestrengt. Andere wiederum blickten mit Neid auf mich herab. Fast hatte es den Anschein, dass sie sich gegen mich verschworen hätten.

Von nun an hatte ich in der Firma nichts mehr zu Lachen. Die Arbeit wurde für mich fast unerträglich. Ich erhielt die miesesten Aufträge, die kein anderer erledigen wollte.

Immer wieder versuchte ich, mir einzureden, dass sich morgen alles bessern würde. Der Alkohol half mir dabei.

Der neue Job

Längst wusste ich, dass es so nicht mehr weitergehen konnte. Ich schämte mich selbst für meine Trinkerei. Immer wieder ertappte ich mich am Tresen meiner Stammkneipe. Hinzu kam, dass in meiner Kneipe vor einigen Tagen ein Poolbillard-Tisch aufgestellt wurde. Zu oft und zu gerne vergnügte ich mich stundenlang mit diesem Spiel. Es war für mich ein mathematisches Phänomen, das ich erkunden wollte. Es forderte mich förmlich dazu heraus. Mit dem Queue musste ich die weiße Kugel anstoßen, um die farbigen so geschickt zu touchieren, dass sie in einem der sechs Löcher versenkt wurden. Für mich war es ein mathematisches Spiel. Ein Spiel der Logik und Berechnung. Bei jedem Stoß versuchte ich aufs Neue, den Lauf der Kugel genau zu prognostizieren. Die Faszination, mit der das Spiel auf mich wirkte, war so groß, dass es schon anormale Auswüchse nahm. Ich glaube, ich stand in diesem Stadium kurz davor, in die Spielsucht abzurutschen.

Nach kurzer Zeit wurden unter den Stammgästen kleine Billardturniere ausgetragen. Es schien, als wären alle von dem Spiel besessen. Das wiederum sorgte für einen steten und hohen Alkoholkonsum. Denn wie sollte es anders sein: Wer das Spiel verloren hatte, musste eine Runde ausgeben. Meist nahmen auch Spieler teil, die wie ich ein Alkoholproblem hatten. Einige von ihnen waren arbeitslos und hatten kaum Geld. So kam es auch öfter zu Streitigkeiten, wenn der Verlierer die Zeche nicht zahlen konnte.

Ich verbrachte am Wochenende sehr viel Zeit mit meiner Spielleidenschaft. Alles andere wurde zur Nebensache.

Wenn das Wetter am Sonntag verregnet war, kam mir das sehr gelegen. Denn womit sollte ich mich sonst beschäftigen? Meine Frau blieb am Wochenende oft alleine zu Hause, während ich meinem Spieltrieb frönte. So blieb es nicht aus, dass der Haussegen schief hing und es wieder Streit gab.

Meine Frau hatte inzwischen eine neue Anstellung in einem anderen Altenpflegeheim gefunden. Aber schon nach einer Woche erzählte sie mir, dass das Arbeiten im Vergleich zu ihrer früheren Stelle eher schwierig war. Die Institution, in der sie zuletzt gearbeitet hatte, war ein sehr renommiertes Haus, das von Albert Schweitzer gegründet wurde. Das Betriebsklima, das dort herrschte, war sehr angenehm gewesen und die Arbeit ging ihr leicht von der Hand. Im jetzigen Heim aber fühlte sie sich einfach nicht wohl.

Es fehlte an Pflegepersonal. Auch das Essen für die al-

ten Menschen wurde rationiert. Und die Pflegemateria-
lien reichten nicht vorn und nicht hinten.

Oft kam meine Frau mit einem verweinten Gesicht
nach Hause. Die Heimbewohner taten ihr leid.
Sich Zeit zu nehmen für jeden Einzelnen, war einfach
nicht möglich. Es wurde nach klaren Vorgaben gearbeitet. Und diese führten das Personal regelrecht in eine Art Akkordsystem.

Jeanette litt unter dieser Situation sehr. Ihre Sorgen
und Nöte wuchsen und trieben sie in die Depression.
Aus gesundheitlichen Gründen kündigte sie wenig später ihre Arbeitsstelle.

An einem Samstagabend, als ich gemütlich in meinem
Stammlokal saß und mein Bier trank, betrat eine gut
gekleidete Dame das Lokal. Sie setzte sich zu mir an
die Theke.

Nach einer Weile erkundigte sie sich bei mir, was ich
hier alleine machen würde. Ich berichtete ihr von
Jeanette und ihrem Leidensweg. Daraufhin wollte sie
wissen, ob es möglich wäre, mit meiner Frau zu reden.
Das bestätigte ich und wir vereinbarten einen Termin.

Wie sich in dem Gespräch zwischen beiden Frauen
herausstellte, war die Dame Mitarbeiterin der Gesund-
heitsbehörde. Es dauerte nur wenige Wochen, bis das
besagte Altenpflegeheim geschlossen wurde.

Auch ich fühlte mich auf meiner Arbeitsstelle sehr eingeschränkt. Die gesamte Firmenleitung hatte mich als Außenseiter bezeichnet.

So behandelten sie mich auch. Böse Drohungen sprachen sie gegen mich aus. Es kam mir vor, als wollten sie mich innerlich langsam zermürben. Psychostress und Mobbing. Aber niemand kam, um mir zu helfen. Tagein, tagaus lebte ich in Angst. Ich arbeitete mit äußerster Konzentration, um Fehler zu vermeiden. Wie vor Jahren kam ich mir vor, als meine Gefühle Achterbahn fuhren. Wie viel davon auf meinen chronischen Alkoholkonsum zurückzuführen war, vermochte ich nicht zu sagen. Jedoch begann ich, mich zurückzuziehen, zu vereinsamen und mich selbst zu bemitleiden.

Eines Tages bekam ich den Auftrag, am Folgetag schwere Betonfertigteile von einer Baustelle in Spandau abzuholen.

Gleich um 6.00 Uhr morgens war ich mit meinem LKW vor Ort. Einige Lastkraftwagen fuhren bereits auf dem Firmengelände der Betonfirma umher. Mich empfing das reinste Chaos.

Ein Mitarbeiter, der einen großen Gabelstapler fuhr, war sichtlich überfordert mit der aktuellen Situation. Er wirkte sehr nervös. Mit hoher Geschwindigkeit fuhr er hin und her und belud einen LKW nach dem anderen. Nach einer halben Stunde war ich an der Reihe. Ich drückte dem Fahrer die Auftragsliste in die Hand. Er bat mich, den LKW zum Beladen quer zur Seite zu parken. Das tat ich und stellte mich ein wenig abseits, um den Vorgang beobachten zu können. Denn die allgemeine Verkehrsvorschrift besagt, dass der Fahrer für seine Ladung selbst verantwortlich ist.

Als die ersten schweren Betonteile aufgeladen waren, bemängelte ich deren Anordnung. Die Teile hätten verrutschen können.

Aufgrund dieser Kritik schrie mich der Gabelstaplerfahrer plötzlich an. Ich solle das gefälligst selbst machen, er hätte schließlich noch andere Arbeiten zu erledigen.

Als ich jedoch auf die Korrektur der Lagerung bestand, fuhr er genervt und mit einem hohem Tempo rückwärts mit dem Hinterrad über meinen linken Fuß. Obwohl ich festes Schuhwerk trug, verspürte ich einen heftigen Schmerz. Mit einem lauten Schrei fiel ich zu Boden. Die Schmerzen waren in diesem Moment so groß, dass mir die Tränen über das Gesicht liefen.

Ohne sich um mich zu kümmern, fuhr der Gabelstaplerfahrer einfach weiter. Was sollte ich jetzt tun?

Aus Angst, dass ich noch mehr Probleme bekommen würde, raffte ich mich auf. Als mein LKW endlich beladen war, fuhr ich zur Baustelle, um die erwarteten Betonfertigteile anzuliefern. Ich arbeitete den Rest des

Tages mit höllischen Schmerzen.

Als der Abladevorgang abgeschlossen war, gab es glücklicherweise keinen weiteren Auftrag für mich. Ich fuhr nach Hause, um meinen Fuß zu kühlen und zu bandagieren. Am darauffolgenden Tag konnte ich nicht mehr auftreten. Der Fuß war angeschwollen und dunkel verfärbt. Nun musste ich zur Rettungsstelle ins Krankenhaus. Der Arzt diagnostizierte eine starke Quetschung. Er überwies mich sofort zum Unfallarzt, der mich behandelte, ein Unfallprotokoll anfertigte und mir eine längere Bettruhe verordnete.

Als die Firmenleitung davon erfuhr, wälzte sie die Schuld am Unfall auf mich ab. Ich hätte ihn selbst verursacht, hieß es.

Nach einer Woche stellte mir die Berufsgenossenschaft ein Schreiben zu, in dem zu lesen war, dass der Unfallhergang noch zu prüfen sei. Dabei war ich mir doch sicher, dass ich keine Schuld trug. Auch von der Firmenleitung erhielt ich nach wenigen Tagen ein Schreiben, in dem stand, dass ich keinen Anspruch auf Krankengeld hätte und mir keine Lohnfortzahlung zustehen würde.

Wieder musste ich einen Rechtsanwalt konsultieren, der meine Interessen vor Gericht vertrat. Ich konnte und wollte die Schuldzuweisungen nicht einsehen.

Dann nahm alles seinen Lauf. Die Berufsgenossenschaft und die Firmenleitung kamen zu einer Einigung. Erst später erfuhr ich von meinem Anwalt, dass die Firma versucht hat, den Unfallhergang zu manipulieren, um mir auf diesem Wege zu kündigen. Unser Chef war mit dem Firmenleiter der Betonfirma befreundet.

Jetzt kochte es emotional in mir. Aus lauter Verzweiflung konnte ich dem Verlangen nach Alkohol nicht widerstehen. Das Trinken wurde regelrecht zum Zwang.

Eines schönen Tages wurde ich sogar zum Dieb. Ich entnahm der Haushaltskasse meiner Frau einige Münzen, weil mein eigenes Portemonnaie absolut leer war. Schließlich wollte ich in meine Stammkneipe gehen.

Jeanette fiel es sofort auf und es gab ein mächtiges Donnerwetter.

Dann kam der Tag, dass ich genesen war und wieder arbeiten gehen konnte. Die Firmenleitung machte mir meine Arbeit zur Hölle. Sie wurde immer unerträglicher. Meine seelische Verfassung war auf dem Nullpunkt angekommen. Böse Gedanken kamen mir in den Sinn. Ab und zu dachte ich daran, meinem Leben ein Ende zu setzen.

Jetzt musste etwas geschehen. Ich stand kurz vor dem Abgrund. Meine Nerven lagen blank. Sie mussten einer Zerreißprobe standhalten. Und sie würden es bald nicht mehr schaffen.

Der beschwerliche Weg in eine bessere Zukunft

An einem Donnerstagmorgen ging ich zu meinem Hausarzt. Ich schilderte ihm offen meine Alkoholikerlaufbahn. „Ich will so nicht weiterleben", sagte ich. Und während ich sprach, fühlte ich die ganze Dramatik, die auf mich hereinstürzte. Ich begann, jämmerlich zu weinen.

Sehr behutsam redeten der Arzt und die Sprechstundenhilfe auf mich ein. Allmählich beruhigte ich mich.

Mein Arzt zögerte nicht und wies mich sofort in die Landesnervenklinik in Berlin-Spandau ein, in die Abteilung „Alkoholentwöhnung".

Als ich den Vorraum der Klinik betrat, überlegte ich kurz, ob ich umdrehen sollte. Weder Waschzeug noch Kleidung hatte ich bei mir. Doch die Dame an der Aufnahme reagierte schnell und rief einen Arzt herbei. Gemeinsam gingen wir die Aufnahmeformalitäten an. Anschließend begleitete mich der Arzt persönlich zur Station 21.

„Entgiftung" las ich auf dem Schild an der Eingangstür. Ein Stationspfleger wies mir ein Bett in einem Vier-Mann-Zimmer zu. Wie ich erfuhr, hatte ich großes Glück. Meist musste man Wochen auf einen freien Behandlungsplatz warten.

Als Erstes musste ich meine Kleidung gegen ein Klinikhemd tauschen. Meine Sachen wurden in einem Spint verschlossen. Der Schlüssel wurde mir abgenommen.

Obwohl die Fenster unseres Zimmers weit geöffnet waren, roch es stark nach Alkohol und nach Erbrochenem. Mir wurde übel. Doch nach kurzer Zeit hatte ich mich an den säuerlichen Geruch gewöhnt. Ich kannte ihn ja von mir selbst, wenn es mir schlecht ging.

Der Raum war bereits mit zwei Patienten belegt, die eine Alkoholentgiftung durchmachten. Ich war der dritte im Bunde. Das vierte Bett war leer. Es war mit Ledergurten bestückt, mit denen die Arme und Beine des Patienten fixiert werden konnten. Ich betrachtete es argwöhnisch. Es war für den Fall, dass derjenige, der hier einen Höllentrip durchlebte, zu randalieren begann.

Auch die angrenzende Station 20 gehörte zur Entgiftung.

Die Entgiftungstherapie selbst kann mehrere Wochen

dauern. Sie hat zum Ziel, das Alkoholgift aus dem Körper zu schwemmen.

Am besagten Tag war auch meine Frau gleich morgens aus dem Haus gegangen. Zwar war sie informiert, dass ich dem Hausarzt einen Besuch abstatten wollte, doch von meiner Einweisung wusste sie nichts. Die Stationsmitarbeiter versuchten mehrmals erfolglos, sie zu erreichen. So machte Jeanette sich abends Sorgen, erfuhr sie doch erst am nächsten Tag, wo ich abgeblieben war.

Nun kamen die Untersuchungen auf mich zu. Zuerst führte die Ärztin einige Tests durch, um meine körperlichen Fähigkeiten einschätzen zu können. Mit dem Stethoskop wurde ich auf Herz und Nieren geprüft. Mit einem kleinen Hämmerchen klopfte sie auf meine Beine, um die Reflexe zu testen.

Nach Abschluss der Untersuchungen erklärte mir die Ärztin, dass ich großes Glück hätte. Es seien keine gravierenden Veränderungen durch meinen langjährigen Alkoholismus hinsichtlich der physischen Eigenschaften zu verzeichnen. Doch eine Röntgenaufnahme und die darauffolgende Sonographie brachten die angeschwollene Leber an den Tag. Sie hatte sich vergrößert. Das beängstigte mich.

Der leitende Chefarzt der Klinik drohte mir bei einer Besprechung an, dass ich nicht alt werden würde, wenn ich meine Alkoholeskapaden fortführen würde wie bisher.

Diese offenen Worte gingen mir tief unter die Haut.

Am zweiten Tag hatte ich eine psychotherapeutische Behandlung. In einem kleinen Raum, der nur mit einem Tisch, zwei Stühlen und einem Aktenschrank sehr spärlich eingerichtet war, saßen die Psychologin und ich uns gegenüber.

Sie befragte mich und schrieb alles auf. Zu meinem kompletten Leben musste ich ihr Rede und Antwort stehen - immer und immer wieder. Jedes Geheimnis, das ich hatte, und jede Lücke in der Vita spürte sie auf und ließ nichts außer Acht.

Auch über unsere Ehe wollte sie alles genau wissen, so dass mir einzelne Details schon peinlich wurden.

In den ersten beiden Wochen meiner Entgiftungstherapie durfte ich das Klinikgelände nicht verlassen. Die Klinik befand sich am Stadtrand und war umzäunt. Es handelte sich um ein riesiges Areal, das alte und neue Häuserkomplexe des Klinikums inmitten eines Waldes beherbergte.

In der Freizeit unternahm ich lange Spaziergänge. Verstört, einsam und in Gedanken versunken lief ich die langen Waldwege entlang.

Immer wieder habe ich leise vor mich hin gebetet. Ich bat den lieben Gott um Beistand. Ich bat ihn, dass alles gut werden würde.

Der Gedanke, nie mehr Alkohol trinken zu dürfen, kam mir unheimlich vor. Meine innerliche Anspannung wuchs. Sicher wollte ich keinen einzigen Tropfen mehr zu mir nehmen. Doch konnte ich das? Die Saufgelüste waren noch zu groß, um einen klaren Gedanken zu fassen.

Es war ein regelrechter Kampf für mich. Es war ein Sinneswandel, der anstand. Doch ich wusste in dem Moment noch nicht, wie ich ihn anpacken sollte. Immer wieder wurden meine Hände nass vom Schweiß und zitterten. Meine Augenlider zuckten. Ich wusste, das ist der Entzug! Und doch durchlitt ich ihn nicht so stark wie andere Betroffene. Das hatten mir die Ärzte vorher gesagt. Doch auch wenn er mich nur in abgemilderter Form traf, war er die Hölle.

Erst allmählich schöpfte ich Hoffnung, dass Gott meine Gebete erhörte. Diese Gebete in stiller Versunkenheit erlaubten mir den ersehnten Sinneswandel.

Und der Weg war endlich frei für eine bessere Zukunft.

Die Zeit heilt alle Wunden

 Ich erinnerte mich an all die Dinge, die für mich früher einmal wichtig waren.

Jetzt erst, als es beinahe zu spät gewesen wäre!

Wieder flehte ich Gott an und bat ihn um Verzeihung und um seinen Beistand, mich von der Alkoholkrankheit zu erlösen. Obwohl ich jahrelang leichtfertig mit Alkohol umging, half mir die Klinik, mich endlich - im 54. Lebensjahr - zu besinnen und meiner Abstinenz näher zu kommen.

Dank des leichten Alkoholentzugs musste ich keine Medikamente einnehmen. Trotzdem waren die ersten Wochen mehr als beschwerlich.

Morgens um 6.00 Uhr fingen die therapeutischen Behandlungen an und verteilten sich über den ganzen Tag. Zuerst mussten wir in einer großen Sporthalle zum Frühsport antreten. Danach saßen wir im Speisesaal zusammen, um das Frühstück einzunehmen. In jeder Woche waren jeweils zwei Patienten für den

Küchendienst und die Essenausgabe zuständig. Meine 20 Mitpatienten und ich wurden in drei Gruppen aufgeteilt. Ich gehörte zur Gruppe 3.

Die ersten Eindrücke, die ich in der Fachklinik erhielt, überzeugten mich. Jetzt nahm ich mir fest vor, den Kampf gegen den Alkohol anzutreten. Es sollte ein sehr harter Kampf werden, der mich zur Abstinenz führen würde. Die inneren, quälenden Ängste vor dem Alkohol waren hilfreich auf diesem Weg.

In der ersten Woche meiner Therapie wurde ein junger Mann mit einer Alkoholvergiftung eingeliefert. Sein Zustand war sehr bedrohlich. Er griff nicht nur die zwei Polizisten an, die ihn in die Klinik begleitet hatten, sondern auch das Pflegepersonal. Er kam in mein Zimmer und wurde in das freie Bett mit den Lederfesseln gelegt. Er befand sich im Delirium, wehrte sich heftig und schlug um sich. Daher wurden seine Arme und Beine mit den Riemen fixiert.

Mit Schrecken sah ich diesem Schauspiel zu. Nur allmählich beruhigte er sich. Mir wurde angst und bange.

In den psychotherapeutischen Gruppenmeetings hörte ich die Geschichten der Mitpatienten. Sie sprachen über ihre Vergangenheit. Sie erzählten von ihren Schicksalen. Die einzelnen Geschichten berührten mich sehr. Immer wieder erkannte ich Gemeinsamkeiten. Immer wieder entdeckte ich mich selbst. Manchmal kam ich mir vor, als hätte ich einen Spiegel vor mir. Wenn ich berichtete, wie der Alkohol mein Freund wurde, flossen mir die Tränen. So sehr schämte ich mich dafür. Heute weiß ich, dass es eine falsche Scham war. Denn niemand braucht sich für seine Krankheit zu schämen.

Meine Entgiftungsbehandlung dauerte drei Wochen. Die Einzel- und Gruppengespräche begleiteten mich dabei.

Daran schloss sich eine Alkoholenthaltsamkeitstherapie an. Sie dauerte 10 Wochen. Die Behandlungen umrissen ein weites Spektrum. Wir hatten Sport, Schwimmen, Gestaltungs- und Bewegungstherapie. Einmal in der Woche wurde in einer Versammlung über Alkoholismus gesprochen.

Mir gefiel die Gestaltungstherapie am besten. Jeder der Mitpatienten konnte seine Fähigkeiten ausprobieren. Ich arbeitete am liebsten mit Ton. Ich versuchte mich auch im Malen. Die unterschiedlichsten Themen wurden von der Klinikleitung vorgegeben.

Bei den Tonarbeiten fertigte ich eine Skulptur, die ich zur Erinnerung in unserer Vitrine im Wohnzimmer aufbewahre. Sie erinnert mich immer an die Zeit, die ich in der Klinik verbracht hatte und nie vergessen werde.

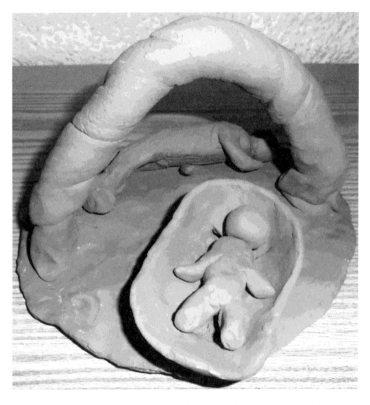

Der leitende Chefarzt der Klinik hielt zweimal in der Woche Vorträge über den Alkoholismus und dessen Folgen. Mit großer Bewunderung und Aufmerksamkeit hörte ich ihm zu und bekam neue Einblicke über die Krankheit. Seine Ausdrucksweise und seine ruhige Stimme beeindruckten mich. Seine Belehrungen waren sehr deutlich und seine Erklärungen für jedermann verständlich.

Bald registrierte mein Gehirn, wie wichtig es ist, das Phänomen Alkohol in seinen Tiefen zu erkennen. Und bald darauf klickte es in meinem Kopf, als würde ein Hebel umgelegt werden, um eine Weiche neu zu stellen. Jetzt erst begriff ich, wie gefährlich Alkohol wirklich ist. Die Endstation der Krankheit ist der Tod.

Bei den Vorträgen benutzte der Chefarzt oft die Begriffe „Drehtürpatient" und „Käseglocke". Er sprach von der Rückfallquote. Einige Patienten mussten kurz nach Abschluss der Therapie wieder eingeliefert werden, das waren die „Drehtürpatienten".

Die „Käseglocke" brachte den geschützten Raum zum Ausdruck, in dem sich der Patient während des Klinikaufenthalts befand.

Was aber geschah, wenn der Alkoholkranke sich wieder in freier Wildbahn befand? Was passierte, wenn er die Klinik verließ und zurückkehrte zu seiner Familie, den Freunden, der Arbeit?

Oft sprach er über die Folgeschäden der Alkoholkrankheit. Eine lange Alkoholabhängigkeit würde zu Beeinträchtigungen des Denkens bis hin zur Geisteskrankheit führen. Und das Delirium könne Demenz hervorrufen.

Es gab viele Fragen und alle wurden sorgfältig von dem Chefarzt beantwortet. Er sprach auch seelische Störungen an, die zu einem akuten Problem werden können.

Die Lust auf Alkohol verging mir. Ich begann, mich vor dem Alkohol zu fürchten und ihn zu hassen.

Der Arzt betonte immer wieder, dass jeder Alkoholiker sein ganzes Leben lang ein Alkoholiker bleiben würde, auch wenn er keinen Alkohol mehr zu sich nimmt. Es gab Patienten, die von einem Behördengang oder von einem Wochenende zu Hause mit einer Alkoholfahne zurückkehrten. Das blieb nicht ohne Konsequenzen. Die Therapeuten und die Krankenpfleger bemühten sich sehr um jeden einzelnen Patienten.

In den Meditationsstunden konnte ich mich vollkommen entspannen. Sie taten meiner Psyche gut. Ich lag auf einer Matte und alles um mich herum war ruhig. Im Hintergrund spielten leise Musikklänge. Es schien, als wäre ich in einer anderen Welt.

Ich musste nicht mehr an die Saufgelage von früher denken und verspürte auch keinen Saufdruck mehr. Meine Gedanken wurden heller und klarer. Der graue Schleier des Alltags, den der Alkohol mir in den Jahrzehnten verpasst hatte, fiel allmählich von mir ab.

Im Laufe der vielen Wochen fand ich wieder zu mir selbst. Ich ordnete meine Sinne neu. Jeden Tag stand psychologische Betreuung zur Verfügung, die positiv auf mich wirkte.

Doch eines Tages, ich war für den Küchendienst abgestellt und alle saßen mittags bei Tisch, kam es zum Eklat. Bei der Essensausgabe versuchte ein Mitpatient, mich zu provozieren. Er äußerte unflätige Worte mir gegenüber. Ich wurde so wütend und aggressiv, dass ich auf ihn losging.

Eine Therapeutin eilte herbei und hielt mich zurück. Sie nahm mich mit in ihr Büro und beruhigte mich mit den Worten, ich müsse lernen, mit dem Leben besser umzugehen. Das gelte für die Klinikzeit, aber erst recht nach der Entlassung und ich solle mich bei meinem Mitpatienten entschuldigen. Das tat ich dann auch.

Wir beiden Streithähne gaben uns zur Versöhnung die Hand. Wie mein Gegenüber mir im Gespräch gestand, wollte er nur meine Reaktion prüfen und mich für ähnlich gelagerte Situationen wappnen.

Ich war verblüfft über seine Aussage und im Nachhinein dankbar. Er hatte bereits zwei Therapien hinter sich und wusste aus eigener Erfahrung, wovon er sprach.

Dieses Beispiel zeigte mir erneut, dass ich hart an mir arbeiten musste. Das entsprach auch den Worten der Therapeutin.

An jedem Wochenende hielt der Chefarzt seine Vorträge. Ich freute mich schon die ganze Woche darauf, ihm wieder zu lauschen. An diesem Samstag sprach er über den amerikanischen Psychologen Elvin Morton

Jellinek, einem der ersten Forscher, der den Krankheitscharakter des Alkoholismus erkannte. Seine wissenschaftlichen Arbeiten waren einzigartig. Ich fühlte mich inspiriert und besorgte mir in einer Buchhandlung Fachbücher zum Thema. Diese Literatur war noch Neuland für mich und ich konnte meinen Horizont erweitern.

Ich kaufte mir auch eine neue Bibel. Ich nahm sie oft zur Hand und las die einzelnen Kapitel. Das tat meiner Seele gut. All die neuen Informationen und Eindrücke veränderten mein Leben.

Verschiedene Selbsthilfeverbände stellten sich in der Klinik vor. Sie erzählten über Ihre Tätigkeit und mir wurde die Funktion der Selbsthilfe bewusst.

In den Gruppen werden Erfahrungen zwischen den Betroffenen offen ausgetauscht. Sie alle leiden unter den gleichen oder ähnlichen Problemen. Gerade in der Stabilisierungsphase kann der Austausch in der Gruppe für eine neue, positive Lebenseinstellung sorgen.

Nun war es soweit, dass die Klinikleitung mir den Besuch einer Selbsthilfegruppe verordnete. Ich entschied mich für die Blau-Kreuz-Gruppe in Berlin-Spandau, bei der ich mich bis heute geborgen fühle.

Durch mein Einfühlungsvermögen konnte ich bald eine Balance finden, die mein Selbstvertrauen und meinen Optimismus stärkten.

All diese Neuentdeckungen, die ich während der Therapie erfahren habe und die mich zu einem abstinenten Leben geführt hatten, wollte ich jetzt wahrnehmen, umsetzen und mein ganzes Leben lang beibehalten.

In der Klinik existierte ein Komitee, das aus fünf ausgewählten Patienten bestand. Es wurde einberufen, wenn ein Mitpatient alkoholisiert von einem Termin außerhalb der Klinik zurückkehrte.

Die Komitee-Mitglieder mussten beraten und entscheiden, welche Konsequenzen das Fehlverhalten hatte. Eine Klinikärztin überwachte die Verhandlung. Nur sehr selten kam es zur härtesten Strafe, dem Klinikverweis.

In der vierten Woche meiner Therapie wurde ich ins Komitee berufen. Es war für mich ein zusätzlicher Ansporn, mich auf meine eigene Alkoholenthaltsamkeit zu konzentrieren.

Heute weiß ich, dass mich der Leitende Chefarzt durch seine mahnenden Worte und überzeugenden Argumente aufgeweckt hatte. Ohne seine Hilfe hätte ich es sicher nicht geschafft.

In der 13. Woche konnte ich die Klinik verlassen - mit all meinen erlernten Theorien und guten Vorsätzen.

Jetzt musste es sich zeigen, wie stabil ich war und ob ich es schaffte, ein Glas Bier stehen zu lassen.

Auch wer eine Fahrschule besucht und die Prüfung erfolgreich absolviert, lernt doch erst in der Praxis, richtig Auto zu fahren. So kam ich mir gerade vor.

In Bezug auf meine Arbeit stand ich vor dem nächsten Problem. Ich sollte wieder in der Firma arbeiten, in der ich zuvor so viele Demütigungen hinnehmen musste. Dazu fühlte ich mich nicht in der Lage. Ich brauchte eine weitere Auszeit, zu groß war der Druck, dem ich mich ausgesetzt fühlte. Mein Bauchgefühl sagte mir, dass es erneut zu Konflikten kommen würde.

Wie sollte ich vorgehen, um dieses Problem zu lösen? Mein Hausarzt riet mir, mich weiterhin in psychologische Behandlung zu begeben. Diesem Rat folgte ich. Der Psychologe arbeitete mit mir daran, die inneren Ängste abzubauen und mich mit ungewöhnlichen Situationen auseinanderzusetzen. Dabei wurde mir bewusst, dass ich mich nie wieder hinter das Steuer eines Lastkraftwagens setzen wollte. Ich wollte einfach alles hinter mir lassen und vergessen.

Einige Wochen war ich noch krankgeschrieben. In der Zwischenzeit hatte ich eine neue Arbeitsstelle in einem namhaften Sicherheitsunternehmen in Berlin-Kreuzberg gefunden. Nachdem ich erfolgreich einen Lehrgang bei der Industrie- und Handelskammer absolviert hatte, wurde ich eingestellt.

Bei dem Bewerbungsgespräch erzählte ich dem Personalmanager freimütig meine Geschichte. Er freute sich über meine Offenheit. Ich musste ihm versprechen, keinen Alkohol mehr zu trinken. Dieses Versprechen habe ich bis heute gehalten.

Jede Woche besuchte ich die Selbsthilfegruppen-abende beim Blauen Kreuz in unserem Bezirk. Ich wurde so herzlich aufgenommen, dass ich fast sagen kann, dass die Gruppe meine zweite Familie geworden ist.

Mein neues Leben

Vier Dinge halfen mir dabei, ein neues Leben zu gestalten: die Selbsthilfegruppe, mein Glaube an Gott, die Erkenntnisse aus der Therapie und Menschen, die mir ihr Vertrauen schenkten. Diese Dinge waren für mich sehr wichtig und ich möchte darüber berichten: Die Selbsthilfegruppe kann Betroffene beim Umgang mit seelischen Störungen wirkungsvoll unterstützen. Es mag ein psychologisches Phänomen sein, das ein Außenstehender nur schwer versteht. Ein Suchtkranker kann diesen unbeschreiblichen Vorgang jedoch meist deutlich nachvollziehen. So auch ich. Die Mitglieder der Gruppe waren für mich Helfer, Unterstützer, Mitfühlende. Ich erhielt Zuspruch und Rat. Es wurde wissenschaftlich statuiert, dass die Teilnahme an einer Selbsthilfegruppe zur langfristigen Nachsorgearbeit gehört. Das kann ich nur bestätigen.

Jede Gruppe hat eigene Regeln und Prinzipien. So gilt beispielsweise, dass das gesprochene Wort im Raum verbleibt und nicht nach außen getragen wird. Wie sonst könnte der Betroffene auf das gegenseitige Vertrauen der Gruppe bauen?

Aus Neugierde besuchte ich damals die Selbsthilfegruppen verschiedener Abstinenzverbände. Ich wollte sehen, wohin ich passte, wo ich mich geborgen fühlte, wo ich den Mut aufbringen würde, offen über meine Alkoholsucht zu reden.

Bald wusste ich, dass ich dem Blauen Kreuz Deutschland e.V. angehören wollte. Diese Selbsthilfegruppen waren am christlichen Glauben orientiert, dem ich aus meiner Jugendzeit heraus verbunden war.

Nach meiner Entlassung aus der Suchtklinik konnte ich mich bewähren und mit den ersten Gehversuchen in mein zukünftiges Leben starten. Die Blau-Kreuz-Gruppe hat mir dabei sehr geholfen. In den Gruppenstunden war ich unter Gleichgesinnten.

Sicher, der Weg in die Nüchternheit, den ich jetzt ging, war noch sehr steinig. Auf dem Heimweg nach den Sitzungen war ich jedoch energiegeladen und zuversichtlich.

All diese Ereignisse führten mich im Jahr 2000 schrittweise in das normale Leben zurück. Seit 15 Jahren lebe ich nun absolut abstinent. Es mag euphorisch klingen, aber ich habe nicht mehr an Alkohol gedacht. Im Gegenteil, ich fing sogar an, ihn zu hassen, so sehr wurde meine Psyche beeinflusst und verwandelt.

Ich lernte, befreit vom Alkohol zu leben. „Befreit leben lernen" ist der Slogan des Blauen Kreuzes. Und es steckt viel Wahrheit in jedem einzelnen Wort.

Auf der Internetseite des Blauen Kreuzes, Landesverband Berlin-Brandenburg (http://berlin-brb.blaues-kreuz.de/) heißt es:

„Das Blaue Kreuz in Deutschland e.V. ist ein christlicher Suchthilfeverband der Diakonie und sieht seinen Auftrag darin, Suchtkranken und Angehörigen zeitgemäß und kompetent zu helfen sowie einer Suchtentwicklung vorzubeugen.

Seit 1888 leistet das Blaue Kreuz in Berlin-Brandenburg vornehmlich Hilfe für alkohol- und medikamentenabhängige Menschen sowie für Mischkonsumenten, die sich an deren persönlichen Bedürfnissen orientiert. Das Blaue Kreuz ist offen für jeden Hilfesuchenden. Die angebotene Suchtkrankenhilfe wird durch Kontakt- und Beratungsstellen sowie in vielen Selbsthilfegruppen realisiert. Aus dem Selbstverständnis unserer traditionellen Vereinsarbeit heraus, bieten wir seelsorgerische Begleitung sowie einen Gottesdienst und Gruppen für Glaubens- und Lebensfragen an. Alle unsere Gesprächsgruppen sind offen für betroffene Suchtmittelabhängige, Angehörige und Interessierte. Die Begleitung Angehöriger erfolgt zusätzlich auch in eigenen Gruppen."

Nach einem Jahr wurde ich im Blauen Kreuz als Mitglied aufgenommen. Ich konnte sehr viele Fortbildungen und Selbsthilfe-Tagungen miterleben.

Als trockener Alkoholiker empfehle ich heute jedem

Betroffenen, regelmäßig eine Selbsthilfegruppe zu besuchen und selbst zu entscheiden, welcher er angehören möchte.

Die Gruppe sollte ihm ein gewisses Gefühl der Geborgenheit geben und diese Harmonie auch auf ihn übertragen. Dies ist förderlich und notwendig, um seinen Genesungsprozess voranzutreiben. Sie muss ihm ermöglichen können, mit seiner Alkoholkrankheit zu leben.

Dennoch, so musste ich zugeben, gab es immer wieder Situationen, die mich fast um den Verstand gebracht hätten. Alle Zweifel musste ich von mir abschütteln. Mit Hilfe meiner Gruppe gelang das auch.

Als ich schon fast ein ganzes Jahr trocken war und absolut keinen Tropfen Alkohol mehr getrunken hatte, ereignete sich in Amerika eine schlimme Katastrophe.

Es war Dienstag, der 11. September 2001. Ich hatte an diesem Tag frei und saß beim Fernsehen, als die schreckliche Nachricht übertragen wurde. Zwei Flugzeuge stießen in das World Trade Center. Die ganze Welt war geschockt.

Wie versteinert verfolgte ich die schrecklichen Bilder und sah, wie die Menschen aus den Fenstern auf die Straße sprangen. Tränen rannen über mein Gesicht.

Das Ausmaß der Katastrophe wurde erst Stunden später bekannt. Tausende Tode waren zu beklagen.

Unschuldige Menschen, die sich nur am falschen Ort zur falschen Zeit befanden, waren einem Terrornetzwerk zum Opfer gefallen. In diesen Stunden wusste ich nicht, wie ich reagieren sollte. Ich fragte mich nach dem Sinn, ob es sich tatsächlich lohnen würde, trocken zu bleiben. Diese Stimmung bedeutete für mich eine eklatante Gefahr. Wie vor Jahren bildete ich mir ein, dass mir in dieser Lage nur der Alkohol helfen könne.

Zum Glück griff ich zum Telefon und rief unseren Selbsthilfegruppenleiter an. Er forderte mich spontan auf, noch heute die Gruppe zu besuchen, um darüber reden zu können. Keinesfalls sollte ich die Geschehnisse in mich hinein fressen.

Als ich dann am Abend in der Gruppenrunde saß, war die Stimmung sehr bedrückt. Die meisten Gruppenmitglieder hatten die schrecklichen Bilder im Fernsehen verfolgt. So wie mir ging es auch den Anderen. Unsere Gefühle waren sehr stark von Mitleid und Trauer geprägt.

Zum Abschluss sprachen wir ein Gebet für die Menschen, die sinnlos sterben mussten. Nun besann ich mich wieder auf die Worte eines Therapeuten aus der Klinik. Es würde keinen Sinn machen zu verzweifeln, egal in welcher Situation ich mich befände.

Weiter sagte er: Wir Menschen würden das Leben hindurch mit Unannehmlichkeiten konfrontiert sein und auch Schicksalsschläge würden uns auferlegt. Aber es mache keinen Sinn, nach der Flasche zu greifen.

Eine zweite Hiobsbotschaft ereilte Jeanette und mich eines Tages. Ihre Eltern waren bei einem tragischen Unfall ums Leben gekommen. Diese Nachricht warf uns aus der Bahn und ließ uns in eine tiefe Trauer fallen.

An solchen schrecklichen Tagen brauchte ich dringend das Gespräch in der Selbsthilfegruppe, um den Schmerz, der tief in meinem Herzen saß, zu überwinden und dem Mythos Alkohol die Chance zu nehmen, mich wieder zu besitzen.

Umso öfter ich die Selbsthilfegruppe besuchte, desto mehr verbesserte sich mein Gesundheitszustand. Das Reden mit kompetenten Menschen spielte eine wichtige Rolle für mich und gab meinem Leben eine feste Grundlage.

Sonntags besuchte ich auch wieder den Gottesdienst und verspürte dabei eine innere Ruhe. Ich dankte dem lieben Gott, dass er mich zur Einsicht und Vernunft gebracht hatte. Ich verspürte die Kraft, die mir von ihm gegeben wurde.

Oft nahm ich die Bibel zur Hand und las von den biblischen Gleichnissen, von Jesus Christus und seinen Jüngern. Sie alle eröffneten mir eine Wanderung durch meine Seele.

Die theologischen Geschichten verhalfen mir, meine Sinne zu ordnen. Einst sprach Jesus: „Ich bin das Licht der Welt; wer mir nachfolgt, wird nicht in der Finsternis wandeln, sondern wird das Licht des Lebens haben." (Johannes 8.12)

Heute weiß ich, dass mich die Alkoholsucht in den totalen Abgrund und den vorzeitigen Tod geführt hätte. Doch ich empfing von Gott ein neues Leben, wofür ich sehr dankbar bin.

Ich begann, an meinem Leben zu hängen und erkannte, wie wertvoll es ist. Ich suchte den Kontakt zu Menschen und brauchte ihn, um stabil zu werden und abstinent bleiben zu dürfen - für ein ganzes Leben.

Die Hilfe von all den Menschen, die plötzlich wieder an mich glaubten und die auf mich zukamen, gab mir eine innere Ruhe und tat meiner Seele gut.

In der Sicherheitsfirma, in der ich mit der Arbeit begonnen hatte, verlief alles zu meiner Zufriedenheit.

Ich wurde in die Brandmeldezentrale eingewiesen. Mein Dienstort war ein fünfstöckiger Bürokomplex in Berlin-Charlottenburg, der rund um die Uhr bewacht werden musste. Große Schaltschränke und -tafeln waren an den Wänden angebracht. Wenn ein Alarm auflief, gaben kleine Lämpchen Signale.

An einem Sonntagmorgen, als ich mich allein im Hause befand, ertönte ein lauter Ton. Die Schalttafel wies auf einen Brand im Gebäude hin. Ich griff nach dem Funkgerät und einer Taschenlampe und eilte in die betroffene Etage. Doch es gab keinen Brandherd.

Als ich zurückkam, empfing mich der Objektleiter überschwänglich und gratulierte mir. Es war ein Fehlalarm, ich hätte richtig reagiert. Ich freute mich und war mit mir zufrieden.

Eines Tages bekam ich vom Unternehmen das Angebot, als Sicherheitsmitarbeiter auf dem Flughafen Tegel zu arbeiten. Es war keine Frage, dass ich es annahm.

Nun durchlief ich eine mehrwöchige Schulung zum Luftsicherheitsgesetz. Auch eine Zuverlässigkeitsprüfung und ein Persönlichkeitsprofil waren notwendig, um als Sicherheitsmitarbeiter in der Personen- und Gepäckkontrolle auf deutschen Flughäfen tätig zu sein. Ich empfand Stolz, als ich die Schulung mit gutem Ergebnis absolvierte.

Nach einem weiteren Lehrgang bei der Berufsgenossenschaft wurde ich mit der Tätigkeit als Sicherheitskoordinator vertraut gemacht. Meine Aufgaben bestanden darin, zwischen der Sicherheitsfirma und der Genossenschaft bei groben Verstößen der Arbeitssicherheit und bei Unfällen zu vermitteln und diese zu dokumentieren.

Nie im Leben hätte ich gedacht, dass ich als trockener Alkoholiker eine solche Chance bekommen würde. Doch die Menschen schenkten mir tatsächlich wieder ihr Vertrauen. Das beeindruckte mich sehr und machte mich zugleich demütig.

Endlich bekam ich alles zurück, was ich vor Jahren verloren hatte: meine Persönlichkeit, Anerkennung und Belohnung.

Auch Jeanette konnte wieder aufatmen und war sichtlich glücklich, dass ich mich endlich vom Alkohol verabschiedet hatte. Heute denke ich, dass meine Frau mehr gelitten hatte als ich selbst. Was geschehen wäre, wenn sie mich verlassen hätte, wage ich mir nicht auszumalen. Noch lange zehrten all diese Gedanken an mir.

Es geschehen im Leben sehr viele unerklärliche Dinge zwischen Himmel und Erde. Aber mit der Alkoholkrankheit wäre es unverantwortlich, in Hysterie zu verfallen. Alkohol ist nie eine Lösung!

Jedem Betroffenen kann heutzutage geholfen werden, wenn er es nur will! Es verlangt einen starken Willen, Disziplin und eine positive Einstellung.

Eine alte Weisheit besagt, dass jeder von uns ein Unikat ist. Jeder Mensch ist einzigartig. Er sollte so leben, wie er es mag. Doch er muss bereit sein, die Verantwortung für sein Leben selbst zu übernehmen.

Auch die Kenntnisse aus der Therapie waren mir auf meinem Weg eine große Hilfe. Ich verstand schnell, dass es einen einheitlichen Alkoholikertyp nicht gab. Und was in der heutigen Wohlstandsgesellschaft immer noch durch mangelnde Information falsch interpretiert wird, ist in Wahrheit eine sehr schwerwiegende und gefährliche Krankheit. Viel zu oft wird sie totgeschwiegen und verkannt, so dass eine gewisse Anonymität daraus entstanden ist.

Mein Selbsterkennungsprozess begann damals, als ich mich in die Suchtklinik einweisen ließ und so wurde auch das Thema der Alkoholkrankheit in meinem Bewusstsein verankert.

Nicht jeder Tag in den letzten fünfzehn Jahren war schön. Viele nervende Belastungen kamen auf mich zu und dennoch lernte ich, meinem eigenen Instinkt zu vertrauen.

Oft erinnerte ich mich an den Entzug zurück und an die Aussagen des Therapeuten. „Trunksucht ist nicht ein Durst der Kehle, sondern ein Durst der Seele", ist eine davon. „Ein Alkoholiker muss erst durch die Hölle gehen, bevor er die zufriedene Nüchternheit erlangen kann", ist eine zweite.

Gott sei Dank bin ich all die Jahre hindurch standhaft geblieben und habe nicht nach der Flasche gegriffen. Mir wurde bewusst, dass mein gelegentliches Erleichterungstrinken mich in eine unbarmherzige Sucht getrieben hat. Für einen trocken gewordenen Alkoholiker zählt jeder Tag, an dem er die Flasche auf dem Tisch stehen lassen kann, ohne sie an den Mund zu führen.

Heute sitze ich abends häufig am Computer in meinem kleinen Kämmerlein und denke über die zurückliegenden Jahre nach. Oft fallen mir dann die Worte von George Santayana, einem amerikanischen Philosophen, ein. Er sagte: „Wer sich an seine Vergangenheit nicht erinnern kann, ist dazu verurteilt, sie zu wiederholen!"

Diesen Satz hatte ich mir eingeprägt und er verhalf mir, zuversichtlich durch ein neues Leben zu gehen. Es kommt mir so vor, als wäre meine Alkoholsucht ein böser Albtraum gewesen.

Das Thema Alkohol ließ mich dennoch nicht mehr los. Die schrecklichen Erinnerungen von früher kehrten oft zurück. Demütig bereute ich meine Sünden. Was hatte ich meiner Frau Jeanette und all den anderen Menschen angetan, die ich im Laufe meines Lebens liebgewonnen hatte. Ich bat sie alle um Verzeihung.

Es ist eine Lüge, dass ein trockener Alkoholkranker jemals wieder kontrolliert Alkohol trinken kann. Es würde unweigerlich einen Rückfall bedeuten. Er würde sehr schnell in die alte Sucht zurückfallen.

Doch es ist eine Wahrheit, dass der Alkoholkranke sich

outen sollte. Er lernt in der Selbsthilfegruppe, frei über seine Krankheit zu sprechen. Nur so kann er sich von allen Hemmungen befreien und seinen Gefühlen Platz geben. Er muss sich zu seiner Alkoholkrankheit bekennen, um seine eigene Wertschätzung wiederzuerlangen! Heute würde ich nie leugnen, alkoholkrank zu sein.

Meine ehemaligen Sauffreunde, die ich früher hatte, habe ich längst nicht mehr. Ich habe mich ihnen entsagt - aus Angst, ich könnte rückfällig werden. Zu oft saß ich mit ihnen am Tresen in der Kneipe und habe mich sinnlos betrunken.

Obwohl ich nur einen Hauptschulabschluss habe und daher nie ein Psychologiestudium absolvieren konnte, weiß ich doch durch verschiedene Fortbildungen beim Blauen Kreuz und durch die Lektüre meiner Fachbücher, mit der Alkoholkrankheit umzugehen.

In der Trockenphase und im Alltag galt es, schwierige Anforderungen zu bestehen. War es auf der Arbeit oder auch im Familienkreis.

Die Rückkehr in ein normales Leben erforderte sehr viel Zeit und Geduld. Immer wieder plagten mich seelische Störungen.

In den ersten vier Jahren schwankte ich oft. Ich wusste nicht, was ich wirklich wollte. Sollte ich tatsächlich trocken bleiben oder sollte ich doch wieder zur Flasche greifen?

Doch allmählich wuchs ich zu einem Menschen heran, der versuchte, mit der Angst und der Hoffnung zu leben.

Oft kam es vor, dass in den Nächten furchterregende Träume über mich hereinbrachen, die ich nur mit meinen Gebeten zum Vater im Himmel, unserem Gott, überwinden konnte. Von ganzem Herzen weiß ich, dass nur er mich in die reale Welt zurückbrachte und mir ein neues Leben schenkte. Er gab mir Gnade und Kraft.

Im Laufe der Zeit wurde es sehr still um mich. Nicht, weil ich versuchte, mich abzusondern. Im Gegenteil. Ich tat das, was die Enthaltsamkeit von mir verlangte. Ich gab meinem Leben einen neuen Sinn. Ich engagierte mich stärker im Blauen Kreuz.

Heute werde ich wütend, wenn ich nach dem Wochenende in der Tagespresse lese, dass sich zahlreiche Verkehrsunfälle mit Todesfolge ereignet haben, weil junge Menschen nach einer Party alkoholisiert in ihr Auto stiegen und die Kontrolle über den Wagen verloren haben.

Gott sei Dank habe ich bis zum heutigen Tag keinen einzigen Tropfen Alkohol mehr zu mir genommen. Für mich eröffnete sich eine neue Weltanschauung und eine exzellente Lebensqualität. Mein Leben, mein Handeln und mein gesamtes Umfeld entwickelten sich neu. Menschen halfen mir dabei, einen neuen Weg zu beschreiten.

Die Angst, einen Rückfall zu erleiden, wird mich wohl noch Jahre begleiten. Aber mit dieser Angst muss ich leben und dankbar sein für jeden trockenen Tag.

Nachwort

Ich denke, dass ich mein ganzes Leben sehr ehrgeizig mit mir umging. Oft wollte ich mit dem Kopf durch die Wand. Ich hatte mir vorgenommen, es besser zu machen als meine Eltern. Ideale von einem erfüllten Leben hatte ich genug.

Doch Schicksalsschläge und Enttäuschungen warfen ihre Schatten. Was aus Leichtsinn und Coolness begann, wurde allmählich mächtiger. Aus einem Glas in Geselligkeit wuchs eine unbarmherzige Abhängigkeit heran.

Alkohol vernebelte mein Gehirn. Manchmal hatte ich den Eindruck, ich wäre von Finsternis und Dunkelheit umgeben. Die Sehnsucht nach einem normalen Leben erfasste mich wieder und wieder. Die Frage, ob ich ein neues Leben beginnen konnte, kreiste unentwegt durch meinen Kopf.

Es dauerte Ewigkeiten, bis ich endlich den Mut fand, mich aufzuraffen. Die Wahrheit aus meinem eigenen Mund zu hören, tat weh. Ja, ich war Alkoholiker! Dann begann ein mühsamer und quälender Weg, von Zweifeln umsäumt. Doch ich schaffte es, das Vertrauen in mein Leben zurückzugewinnen. Und an diesem Vertrauen möchte ich festhalten, egal was noch auf mich zukommen mag.

Ein Gedicht von Friedrich von Bodelschwingh beginnt mit den Zeilen: „Wenn Du einem geretteten Trinker begegnest, dann begegnest Du einem Helden."

Es ist nicht leicht, ein Held zu sein, gar ein Held zu bleiben. Aber schwerer noch ist es, ein Held zu werden.

Meine Erfahrungen möchte ich daher weitergeben - mit diesem Buch, in Lesungen, in Gesprächen, in Selbsthilfegruppen. 2010 ließ ich mich in der Suchtkrankenhilfe beim Blauen Kreuz ausbilden. Seither arbeite ich ehrenamtlich in der Prävention und Suchtberatung.

Danksagung

Mit diesen Zeilen möchte ich allen danken, die mich durch die schwere Zeit begleitet und unterstützt haben, einen neuen Lebensweg einzuschlagen.

Einen besonders herzlichen Dank möchte ich meiner lieben Frau Jeanette aussprechen, die seit nunmehr 40 Jahren an meiner Seite steht und immer zu mir gehalten hat,

dem Chefarzt Herrn Dr. Uwe Büchner und allen Therapeuten der Hartmut-Spittler-Fachklinik in Berlin-Spandau,

Herrn Gerd Steuer, Gruppenleiter und Vorsitzender des Ortsvereins Berlin-Spandau, Blaues Kreuz i. D. e.V.,

Frau Dagmar Schütze, Vorsitzende des Blauen Kreuzes in Deutschland e.V. - Landesverband Berlin-Brandenburg,

Herrn Bernhard Schütze, Vorsitzender des Fördervereins Blaukreuz-Arbeit Berlin-Brandenburg e.V.

Ein besonderes Dankeschön auch an

Frau Andrea Schröder, die mir ermöglichte, meine Geschichte in diesem Buch zu veröffentlichen und an

Frau Edeltraud Tempel, die das Lektorat tatkräftig und ideenreich unterstütze.

Kontaktdaten:

www.ein-leben-ohne-alkohol.de
rolferhart@t-online.de

Blaues Kreuz
www.berlin-brb.blaues-kreuz.de

Verlag Andrea Schröder
www.verlag-andreaschroeder.de

Weitere Angebote:

Corinna Spiekermann: Dankbarkeit
ISBN 978-3-944990-07-1

Corinna Spiekermann erzählt von dem Einen,
der sie herausholte aus der Not
und es heute noch für jeden tut,
der sich von Herzen nach Ihm sehnt.

Andrea Schröder: Suizid – Die Rückkehr des Lichts

ISBN 978-3-944990-05-7

Sie glaubte, in einer normalen Beziehung zu leben.
Sie war überzeugt davon, alle Probleme seien lösbar.
Sie ging davon aus, dass Trauer Menschen vereint.

Doch die Realität lehrte sie das Gegenteil.

www.verlag-andreaschroeder.de